最新法律文件解读丛书

商事法律文件解读

总第 176 辑(2019. 8)

最新法律文件解读丛书编选组　编

人民法院出版社

图书在版编目(CIP)数据

商事法律文件解读．总第176辑/最新法律文件解读丛书编选组编．--北京:人民法院出版社，2019.11
(最新法律文件解读丛书)
ISBN 978-7-5109-2670-9

Ⅰ.①商… Ⅱ.①最… Ⅲ.①商法—法律解释—中国
Ⅳ.①D923.995

中国版本图书馆CIP数据核字(2019)第237076号

商事法律文件解读．总第176辑
最新法律文件解读丛书编选组　编

责任编辑　路建华
出版发行　人民法院出版社
地　　址　北京市东城区东交民巷27号　邮编　100745
电　　话　(010)67550660(责任编辑)　67550558(发行部查询)
　　　　　　65223677(读者服务部)
客服QQ　2092078039
网　　址　http://www.courtbook.com.cn
E-mail　courtbook@sina.com
印　　刷　三河市国英印务有限公司
经　　销　新华书店
开　　本　787毫米×1092毫米　1/16
字　　数　140千字
印　　张　8
版　　次　2019年11月第1版　　2019年11月第1次印刷
书　　号　ISBN 978-7-5109-2670-9
定　　价　22.00元

卷首语

为贯彻落实新发展理念，服务保障供给侧结构性改革，规范破产案件审判，提升破产审判质效，强化破产审判管理，云南省高级人民法院于2019年6月4日发布了《云南省高级人民法院破产案件审判指引（试行）》（以下简称《审判指引》）。本辑刊登了《审判指引》。

为全面贯彻中央和广东省委深化供给侧结构性改革、清理“僵尸企业”的决策部署，落实国家产能政策、环保政策、创新驱动发展政策，充分发挥破产审判拯救和退出市场主体的职能，优化资源配置，推动经济高质量发展，广东省高级人民法院于2019年5月29日发布了《广东省高级人民法院关于“僵尸企业”司法处置工作指引》（以下简称《工作指引》）。本辑刊登了《工作指引》。

在“新类型疑难案例选评”栏目，本辑刊登了《冯某1诉北京某有限责任公司等股东资格确认纠纷案》。该案阐明有限责任公司的隐名股东与公司及显名股东关于股东资格的争议系公司内部纠纷，在认定股东资格时应采取实质标准。在隐名股东与显名股东未签署股权代持协议的情况下，应通过考量显名股东的股权取得方式及对价、隐名股东是否实际行使股东权利、公司及公司其他股东对股权代持是否知悉等因素，对隐名股东与显名股东是否存在股权代持合意进行综合判断，继而对股东资格作出认定。

《最新法律文件解读》丛书
编　辑　部

范春雪　（010）67550525

姜　峤　（010）67550573

丁丽娜　（010）67550608

张　奎　（010）67550673

路建华　（010）67550660

执行编辑　路建华

邮　　箱　shangshijiedu@126.com

目　录

[部门规章、部门规章性文件与解读]

国家税务总局

关于深化“放管服”改革　更大力度推进优化税务注销办理程序工作的通知

2019 年 5 月 9 日　　税总发〔2019〕64 号

国家税务总局各省、自治区、直辖市和计划单列市税务局，国家税务总局驻各地特派员办事处，局内各单位：

为进一步优化税务执法方式，改善税收营商环境，根据《全国税务系统深化“放管服”改革五年工作方案（2018 年—2022 年）》（税总发〔2018〕199 号），在落实《国家税务总局关于进一步优化办理企业税务注销程序的通知》（税总发〔2018〕149 号，以下简称《通知》）要求的基础上，现就更大力度推进优化税务注销办理程序有关事项通知如下：

一、进一步扩大即办范围

（一）符合《通知》第一条第一项规定情形，即未办理过涉税事宜的纳税人，主动到税务机关办理清税的，税务机关可根据纳税人提供的营业执照即时出具清税文书。

（二）符合《通知》第一条第二项规定情形，即办理过涉税事宜但未领用发票、无欠税（滞纳金）及罚款的纳税人，主动到税务机关办理清税，资料齐全的，税务机关即时出具清税文书；资料不齐的，可采取“承诺制”容缺办理，在其作出承诺后，即时出具清税文书。

（三）经人民法院裁定宣告破产的纳税人，持人民法院终结破产程序裁定书向税务机关申请税务注销的，税务机关即时出具清税文书，按照有关规定核销“死欠”。

二、进一步简化税务注销前业务办理流程

（一）处于非正常状态纳税人在办理税务注销前，需先解除非正常状态，补办纳税申报手续。符合以下情形的，税务机关可打印相应税种和相关附加的《批量零申报确认表》（见附件），经纳税人确认后，进行批量处理：

1. 非正常状态期间增值税、消费税和相关附加需补办的申报均为零申报的；

2. 非正常状态期间企业所得税月（季）度预缴需补办的申报均为零申报，且不存在弥补前期亏损情况的。

（二）纳税人办理税务注销前，无需向税务机关提出终止“委托扣款协议书”申请。税务机关办结税务注销后，委托扣款协议自动终止。

三、进一步减少证件、资料报送

对已实行实名办税的纳税人，免予提供以下证件、资料：

（一）《税务登记证》正（副）本、《临时税务登记证》正（副）本和《发票领用簿》；

（二）市场监督管理部门吊销营业执照决定原件（复印件）；

（三）上级主管部门批复文件或董事会决议原件（复印件）；

（四）项目完工证明、验收证明等相关文件原件（复印件）。

更大力度推进优化税务注销办理程序，是进一步贯彻落实党中央、国务院关于深化“放管服”改革、优化营商环境要求的重要举措。各地税务机关要高度重视，抓好落实，并严格按照法律、行政法规规定的程序和本通知要求办理相关事项。

本通知自2019年7月1日起执行。

附件：批量零申报确认表（略——编者注）

解读——

《国家税务总局关于深化“放管服”改革　更大力度推进优化税务注销办理程序工作的通知》

近期，税务总局发布了《关于深化“放管服”改革 更大力度推进优化税务注销办理程序工作的通知》（税总发〔2019〕64号）（以下简称《通知》）。现解读如下：

一、关于《通知》出台的背景

2018年9月，针对企业“注销难”问题，税务总局制发了《关于进一步优化办理企业税务注销程序的通知》（税总发〔2018〕149号，以下简称“149号文”），推行清税证明免办、即办服务，创新推出“承诺制”容缺办理，简化资料和流程。这些措施实施以来，企业办理税务注销大幅提速，纳税人获得感进一步增强。随着“放管服”改革深入推进，适应当前新形势，为进一步优化营商环境，税务总局制发本《通知》，推出更大力度优化企业注销办理程序的措施。

二、《通知》与149号文是什么关系

《通知》以149号文规定的框架为基础，对其部分内容进行了细化、补充和完善，主要从扩大即办范围、简化税务注销前业务办理流程、减少资料报送3个方面推出更大力度优化企业税务注销举措。因此，各地税务机关需将这两个文件结合起来、一并落实，指导纳税人办理税务注销业务。

三、未办理过涉税事宜的纳税人，若需要取得清税文书的，如何办理税务注销

根据149号文第一条规定，未办理过涉税事宜的纳税人若符合市场监管部门简易注销条件，可以直接向市场监管部门申请办理简易注销登记，免予到税务机关办理清税证明。实践中还有一些未办理过涉税事宜的纳税人主动到税务机关办理清税，要求取得清税文书。为进一步优化纳税服务，响应纳税人诉

求，《通知》规定这类纳税人主动到税务机关清税的，税务机关即时出具清税文书。具体做法是，纳税人持加载统一社会信用代码的营业执照到注册地税务机关办理，税务机关即时出具清税文书。

四、办理过涉税事宜，但未领用过发票的纳税人如何办理税务注销

一是对无欠税（滞纳金）及罚款、资料齐全的纳税人，税务机关即时出具清税文书。

二是对无欠税（滞纳金）及罚款、资料不齐（包括未办结事项要求报送的资料不齐）的，可采取“承诺制”容缺办理。例如，纳税人需要报送的财务报表资料、纳税申报资料、有多缴税款需要提交退还多缴税款资料等，如果纳税人不能及时提供这些资料但急需清税文书的，可先作出承诺，税务机关即时出具清税文书，纳税人应按承诺的时限补齐资料并办结相关事项。纳税人若未履行承诺的，按照149号文规定，税务机关将对其法定代表人、财务负责人纳入纳税信用D级管理。

三是符合市场监管部门简易注销条件的纳税人，也可以按149号文规定，直接向市场监管部门申请办理简易注销登记，免予到税务机关办理清税证明。

五、办理过涉税事宜，且领用过发票的纳税人如何办理税务注销

此类纳税人办理税务注销仍按现有规定执行。其中，符合149号文第二条规定条件的纳税人，可享受税务注销即办服务。

六、依法破产的纳税人如何办理税务注销

此类纳税人可持人民法院出具的终结破产程序裁定书向税务机关申请办理税务注销，税务机关即时出具清税文书。对于纳税人仍存在的欠税，税务机关按照规定进行“死欠”核销处理。

七、拟注销的纳税人申请解除非正常管理状态，税务机关如何简化补办申报手续

为提高办税效率，对于非正常状态期间未开展生产经营活动、无相关纳税义务的纳税人，《通知》增加了批量零申报相关规定。具体做法是，税务机关打印《批量零申报确认表》，纳税人确认后，对相关税（费）种进行批量零申

报处理。批量零申报涉及的相关税（费）种具体包括：企业所得税月（季）度预缴申报、增值税和消费税以及相关附加税（费）。

八、纳税人办理税务注销前，“委托扣款协议书”如何终止

办理税务注销前，纳税人不必向税务机关提出终止“委托扣款协议书”申请，税务机关办结税务注销后，系统自动终止“委托扣款协议书”。

九、《通知》减少了哪些报送资料

《通知》对已实行实名办税的纳税人，进一步简化了相关证件、资料的报送要求，包括：

1. 《税务登记证》正（副）本、《临时税务登记证》正（副）本和《发票领用簿》；
2. 市场监督管理部门吊销营业执照决定原件（原印件）；
3. 上级主管部门批复文件或董事会决议原件（复印件）；
4. 项目完工证明、验收证明等相关文件原件（复印件）。

十、《通知》从什么时候开始实施

《通知》自2019年7月1日施行。

来源：国家税务总局网站

[地方司法业务文件与解读]

云南省高级人民法院

破产案件审判指引（试行）

（2019 年 5 月 20 日云南省高级人民法院审判委员会 2019 年第 2 次全体会议通过 2019 年 6 月 4 日发布）

为贯彻落实新发展理念，服务保障供给侧结构性改革，规范破产案件审判，提升破产审判质效，强化破产审判管理，根据《中华人民共和国企业破产法》《中华人民共和国民事诉讼法》等法律及相关司法解释，参照《全国法院破产审判工作会议纪要》等规定，结合全省破产案件审判实践，制定本指引。

第一章　立案审查及受理

第一条　坚持依法受理破产案件原则。对符合法定条件的破产申请，应当予以受理，不得以非法定理由拒不受理破产申请。

第二条　向人民法院提出破产申请的申请人，应对其具备申请人主体资格，以及被申请人能适用《中华人民共和国企业破产法》（以下简称《企业破产法》）清偿债务负有举证义务。

第三条　债务人不能清偿到期债务，且资产不足以清偿全部债务或明显缺乏清偿能力的，人民法院应认定其具备破产原因。

相关当事人以对债务负有连带清偿责任的人未丧失清偿能力，可以清偿到期债务为由，主张债务人不具备破产原因的，人民法院应不予支持。

第四条 债务人不能足额清偿依法成立且履行期限已届满债务的，人民法院应当认定该债务人不能清偿到期债务。

未经人民法院或者仲裁机构生效法律文书确认，但申请人提交的合同、债权确认函、支付凭证、对账单和还款协议等证据能够证明债务人所负债务真实存在的，不影响前款认定。

第五条 债务人的资产负债表、财务审计报告、资产评估报告等证据能够证明债务人的资产总额小于债务总额的，应当认定该债务人资产不足以清偿全部债务。

第六条 债务人虽账面资产大于负债，但无法清偿到期债务且存在下列情形之一的，应当认定其明显缺乏清偿能力：

（一）资金明显不足或者财产不能变现、对外应收账款无法清收的；

（二）法定代表人下落不明且无人管理财产的；

（三）经人民法院强制执行仍无法清偿债务的；

（四）长期亏损且扭亏困难的；

（五）存在导致债务人丧失清偿能力的其他情形的。

第七条 债权人申请债务人破产，应提交如下材料：

（一）破产申请书（载明申请人和被申请人的基本情况，申请目的，申请事实及理由）；

（二）申请人身份证明文件（申请人为自然人的，提交身份证复印件；申请人为法人或其他组织的，提交营业执照复印件、法定代表人或主要负责人身份证明书）；

（三）被申请人营业执照复印件或工商登记卡片；

（四）债权发生的事实与证据，债权性质、数额及债权有无担保的证据；申请承担连带保证责任的债务人破产清算的，还须提交人民法院或者仲裁机构的生效法律文书；

（五）债权履行期限届满及债务人不能清偿的证据。

第八条 债务人申请破产，应提交如下材料：

（一）破产申请书（载明债务人基本情况，申请目的，申请事实及理由）；

（二）主体资格证明（企业营业执照及工商登记卡片）；

（三）债务人董事会、股东（大）会根据法律和公司章程规定所作的同意债务人破产的决议；

申请人为国务院国有资产监督管理委员会和财政部联合颁布的《企业国有资产交易监督管理办法》（国务院国有资产监督管理委员会、财政部令第32号）第四条定义的"国有及国有控股企业、国有实际控制企业"的，一般应提交其上级主管部门同意其破产的相关文件；

（四）法定代表人、股东会、董事会、监事会及高级管理人员名单及联系方式；

（五）亏损情况的书面说明，资产负债表，财务审计报告或资产评估报告原件；

（六）资产状况明细表（包括有形资产、无形资产和企业投资情况、在金融机构开设账户的账号及资金情况）；

（七）债务情况表（债权人名称、住所、联系方式，债务数额和发生时间，履行期限及被催讨情况，债务有无担保）；

（八）债权情况表（债务人名称、住所、联系方式，债权数额、发生时间和催讨情况，债权有无担保）；

（九）债务人设有分支机构或全资子公司的，应提交分支机构或全资子公司的会计报表、资产情况、债权债务清册等；

（十）税款缴纳情况说明；

（十一）已发生的诉讼、仲裁及执行情况说明；

（十二）职工情况说明、职工工资支付和社会保险费用缴纳情况说明及职工安置预案；在破产申请前已经安置职工的，应提交安置情况说明；

（十三）人民法院认为需要提交的其他材料。

第九条 破产案件由债务人的主要办事机构所在地人民法院管辖。主要办事机构所在地一般是指主营业场所所在地。债务人存在多个主营业场所，则各主营业场所所在地人民法院均有管辖权。无主要办事机构，或主要办事机构无法确定的，由其注册地人民法院管辖。

多个法院对管辖权发生争议的，应当报请共同的上级人民法院指定管辖。

第十条 基层人民法院一般管辖县、县级市或者区工商行政管理部门核准登记企业的破产案件；中级人民法院一般管辖地级市以上（含本级）工商行政管理部门核准登记企业的破产案件。

第十一条 有管辖权的人民法院由于特殊原因，不能对破产案件行使管辖权的，应由上级人民法院指定管辖。

第十二条 上级人民法院有权审理下级人民法院管辖的破产案件；确有必要将本院管辖的破产案件交下级人民法院审理的，应当报请上级人民法院批准。

下级人民法院对自己所管辖的破产案件，认为需要由上级人民法院审理的，可以报请上级人民法院审理。

第十三条 人民法院收到申请人提交的破产申请材料后，发现本院没有管辖权的，应告知申请人向有管辖权的人民法院申请。当事人坚持申请的，应当编立“（××××）×破申×号”案号立案，并将案件相关信息登记在“全国企业破产重整案件信息网”（http：//pccz. court. gov. cn）后，裁定不予受理。

第十四条 立案部门应当向申请人出具加盖部门公章的书面凭证，载明收到的申请、证据，并注明收到时间。如当事人提交的材料不全或有误，应当进行释明，并在收到破产申请之日起五日内以书面形式一次性告知申请人需要补充补正的材料，当事人补充、补正相关材料的期间不计入破产申请审查期限。

当事人拒绝补充补正，影响人民法院对债务人是否具备破产原因进行审查的，立案部门应以编制“破申”案号，交由审理破产案件的审判业务部门作出不予受理申请人破产申请的裁定。

第十五条 申请材料齐全的，立案部门应编制“破申”案号登记立案，并将案件相关信息登记在“全国企业破产重整案件信息网”。

立案部门分案后，应及时将申请人提交的全部材料移交负责审理破产案件的审判业务部门。

第十六条 破产审判业务部门应在立案后五日内将立案情况及合议庭组成情况通知申请人。

债权人提出破产申请的，还应一并告知债务人。若债务人有异议，应在收到通知之日起七日内以书面形式向人民法院提出。

通知无法送达债务人的，可在其工商登记载明的公司住所地张贴通知材料，一般无需再采取公告方式送达。

第十七条 债权人提出破产申请的，破产审判业务部门应当自债务人异议期届满之日起十日内裁定是否受理；除上述情形外，应当自破产申请材料齐备之日起十五日内裁定是否受理。

有特殊情形需要延长审查期限的，经上一级人民法院批准，可以延长十五日。

第十八条 破产审判业务部门审查申请破产案件，可以书面审查，也可以采取组织听证的方式进行审查。

案件存在下列情形之一的，一般应当组织听证审查：

（一）债权人申请债务人破产清算，债务人提出异议，且异议事实和理由需要组织听证审查的；

（二）申请债务人重整的；

（三）债务人申请和解的；

（四）债务人为国务院国有资产监督管理委员会和财政部联合颁布的《企业国有资产交易监督管理办法》（国务院国有资产监督管理委员会、财政部令第32号）第四条定义的“国有及国有控股企业、国有实际控制企业”的；

（五）债务人为商业银行、证券公司、保险公司等金融机构的；

（六）债务人为上市公司的；

（七）在全国、全省或本辖区有重大影响的；

（八）其他人民法院认为需要组织听证的。

人民法院组织听证审查一般以一次为限，听证筹备及组织实施的时间原则上不应超过十日。听证审查期间不计入破产申请受理审查的期限。

第十九条 采取听证方式审查的，应当于听证会召开三日前发布听证公告，并书面通知破产申请人及与破产案件处理有利害关系的当事人，如已知的主要债权人，债务人的法定代表人、股东、财务人员、职工代表等。

经书面通知，破产申请人无正当理由拒不参加听证的，按撤回破产申请处理。

其他与破产案件有利害关系的人员未按期参加听证的，不影响听证的进行。

第二十条 听证会应当重点调查以下事项：

（一）申请人资格；

（二）债务人的企业性质、工商登记情况、生产经营状况、资产及负债情况；

（三）债务人资产涉及的担保情况、已知债权人情况、职工安置情况；

（四）债权人申请债务人破产的，应当调查债权是否真实，是否到期，是否已经受偿；

（五）其他应当调查的事项。

听证会应制作笔录，由参会人员签名确认。必要时可进行录音录像。

第二十一条 债务人申请破产，其股东等利害关系人主张同意公司破产的股东（大）会决议不成立、可撤销或无效的，人民法院应暂停审查，并向利害当事人释明，告知其应于十日内就此争议向有管辖权的人民法院提起诉讼。利害关系人期限内起诉的，人民法院应裁定不予受理债务人的破产申请；期限内未起诉的，人民法院应恢复对破产申请的审查。

申请人提起破产申请时，利害关系人主张决议应予撤销已明显超过《中华人民共和国公司法》二十二条第二款规定的“六十日”的，人民法院可对破产申请继续予以审查。

第二十二条 债权人申请债务人破产，债务人抗辩债权不存在、已清偿、履行期限未届满或债务已超过诉讼时效，进而主张债权人不具备申请人资格的，人民法院应对此进行审查。经审查难以判断的，对破产申请不予受理，并向申请人释明可就有关争议单独提起诉讼或者申请仲裁，待生效法律文书确定其对债务人享有到期债权后，债权人可另行向人民法院提出破产申请。

第二十三条 债务人不能清偿到期债务，债权人据此申请债务人破产，债务人未在法定期限内向人民法院提出异议，人民法院应根据整体审查情况，裁定是否受理债权人提出的破产申请。

债务人抗辩其资产大于负债，但未提交证据或提交的证据不足以证明，人民法院应认定债务人异议不成立，并裁定受理债权人提出的破产申请。

债务人抗辩其具备清偿能力，但在破产申请审查立案期间未能足额清偿债务的，人民法院应认定债务人异议不成立，并裁定受理债权人提出的破产申请。

第二十四条 债权人申请明显具备清偿能力的债务人破产清算的，人民法院可向债权人释明，告之其可以提起诉讼或仲裁，然后申请执行等方式实现债权。债权人未书面同意撤回破产申请的，人民法院应对其申请继续予以审查。债务人在法定异议期限内举证证明其不具备破产原因的，人民法院裁定不予受理债权人的申请。

第二十五条 债权人申请下落不明或者财务状况不清的债务人破产清算，经审查债权人拥有到期债权，且债务人未能清偿的，应视为符合《企业破产法》第二条的规定，人民法院应裁定受理债权人提出的破产申请。

债务人能否依据《企业破产法》第十一条第二款的规定提交财产状况说

明、债权债务清册等相关材料，不影响破产申请的受理。

第二十六条 企业法人解散事由出现后，已自行成立清算组清算或已由人民法院组织强制清算，债权人又提起破产清算申请的，除债务人在法定异议期限内举证证明其不具备破产原因外，人民法院应裁定受理债权人提出的破产申请。

第二十七条 人民法院裁定受理破产申请前，申请人请求撤回申请的，人民法院应予准许。

人民法院裁定受理破产申请后，申请人请求撤回申请的，人民法院不予准许。

第二十八条 人民法院裁定受理破产申请前，债务人或债权人提出管辖权异议的，人民法院应予审查。异议成立的，裁定不予受理破产申请。管辖权异议不成立的，人民法院可在受理破产申请的裁定书中一并予以明确。

第二十九条 收到商业银行、证券公司、保险公司等金融机构以及上市公司作为被申请人的破产申请后，应在五日内逐级层报至省高级人民法院备案。

人民法院在裁定受理前款破产申请前，应将相关材料逐级层报至省高级人民法院，由省高级人民法院报送最高人民法院审查批准。

第三十条 破产审判部门审查完毕后，应当制作“（××××）×破申×号”裁定书，裁定受理破产申请或不予受理破产申请。

裁定书应当在作出之日起五日内送达申请人。债权人提出申请的，还应在五日内向债务人送达。

为解除对债务人财产的保全措施、中止对债务人财产的执行程序、中止已经受理但尚未审结的有关债务人的民事诉讼或仲裁，在裁定受理破产申请后，人民法院还应在管理人的协助下及时告知已知的人民法院和仲裁机构。

第三十一条 裁定受理破产申请的，由立案部门依据该裁定，编立“（××××）×破×号”案号，启动破产案件审理程序，并将案件相关信息登记在“全国企业破产重整案件信息网”。

第三十二条 申请人对不予受理破产申请的裁定不服的，可以自裁定送达之日起十日内向上一级人民法院提起上诉。

上一级人民法院二审编立“（××××）×破终×号”案号，应在三十日内作出二审终审裁定。原审裁定正确的，二审裁定维持；原审裁定错误的，二审撤销原裁定，同时指令由一审人民法院裁定受理破产申请。

第三十三条 收到上一级人民法院依据本指引第三十二条规定所作出的由下一级人民法院受理破产申请的裁定后，下一级人民法院应据此制作“（××××）×破×号”裁定书，裁定受理破产申请，将案件相关信息登记在“全国企业破产重整案件信息网”。

第三十四条 人民法院拒不接收申请人提出的破产申请，或者逾期未作出是否受理破产申请裁定的，申请人可以向上一级人民法院提出破产申请。上一级人民法院接到破产申请后，应当责令下级法院依法审查并及时作出裁定；下级法院仍不作出是否受理裁定的，上一级人民法院可以径行作出裁定。

上一级人民法院裁定受理破产申请的，可以自行审理，也可以指令下级人民法院审理该案件。破产案件受理日为上一级人民法院裁定落款日期。

第三十五条 债权人同时申请多个债务人实质性合并破产，或多个债务人一并申请实质性合并破产的，人民法院应当编立一个“（××××）×破申×号”案号进行审查，并将案件相关信息登记在“全国企业破产重整案件信息网”。

第三十六条 申请实质性合并破产，应向关联企业中的核心控制企业住所地人民法院提出。核心控制企业不明确的，由关联企业主要财产所在地人民法院管辖。多个法院之间对管辖权发生争议的，应当报请共同的上级人民法院指定管辖。

接受申请的人民法院对所有关联企业均不具有管辖权的，应告知申请人向有管辖权的人民法院申请。当事人坚持申请的，裁定不予受理。

第三十七条 人民法院审查实质性合并破产，应当尊重企业法人人格的独立性。以对关联企业成员的破产原因进行单独判断并适用单个破产程序为基本原则，当关联企业成员之间存在法人人格高度混同、区分各关联企业成员财产的成本过高、严重损害债权人公平清偿利益时，可例外适用关联企业实质合并破产方式进行审理。

关联企业不符合实质性合并破产条件的，人民法院对当事人提出的实质性合并破产申请应裁定不予受理。但不影响当事人另行向有管辖权的人民法院提出单个破产申请，也不影响当事人就部分符合实质性合并破产条件的关联企业另行向有管辖权的人民法院提出实质性合并破产申请。

第三十八条 破产申请受理后，管理人申请债务人关联企业一并进行实质性合并破产的，由受理破产案件的人民法院对申请进行审查。经审查，如不符合实质性合并破产条件，应裁定驳回债务人的申请，但不影响被驳回的关联企业另行向有管辖权的人民法院提出破产申请。

第三十九条 人民法院裁定受理关联企业实质性合并破产申请，相关利害关系人不服的，可在裁定送达之日起十五日内向上一级人民法院申请复议。

人民法院裁定不予受理关联企业实质性合并破产申请，申请人不服的，可在裁定送达之日起十日内向上一级人民法院提起上诉。

第四十条 受理破产申请后至破产宣告前，经审查发现债务人不符合《企业破产法》第二条规定情形的，可以裁定驳回申请。申请人对裁定不服的，可以自裁定送达之日起十日内向上一级人民法院提起上诉。

上一级人民法院二审编立“破终”案号，并在立案后三十日内作出终审裁定。原审裁定正确的，二审裁定维持；原审裁定错误的，二审撤销原裁定，同时指令原审人民法院继续审理。

第二章 管理人的指定、监管和报酬

第四十一条 裁定受理破产申请的，应当同时指定管理人。

第四十二条 人民法院应指导、支持、保障管理人依法履职。有权制止和纠正管理人侵害债权人或债务人权益的不当行为。

第四十三条 管理人应忠实、勤勉履行法定职责，不能将自己的职责全部或部分转让给他人。

第四十四条 对债务人财产数量不多、债权债务关系简单、社会影响不大的破产案件，人民法院的司法技术部门可采取轮候、抽签、摇号等方式，在本辖区管理人名册中随机公开指定管理人。

第四十五条 对上市公司破产案件，商业银行、证券公司、保险公司等金融机构破产案件，债权债务关系复杂，债务人财产分散的破产案件，涉及债权人、职工以及利害关系人人数较多的破产案件或者在本地有重大影响破产案件，一般应通过竞争方式指定管理人。

采取竞争方式选定管理人时，应在本院官方网站、微信公众号等载体发布公告，邀请编入本地管理人名册或者编入外省、市管理人名册的社会中介机构参与公开竞争。

采取竞争方式选定管理人时，人民法院应当组成专门的评审委员会，综合考量专业水准、工作经验、执业操守、初步报价等因素，择优选定。在指定管理人的同时，应当同时确定一至两家备选机构，作为需要更换管理人时的接替人选。

第四十六条 破产案件符合《最高人民法院关于审理企业破产案件指定管理人的规定》第十八条、第十九条规定情形的，受理破产案件的人民法院可以从《管理人名册》、政府有关部门、金融资产管理公司中指定清算组成员，并指定该清算组为管理人。人民银行及金融监督管理机构可以按照有关法律和行政法规的规定派人参加清算组。

第四十七条 管理人选定后，人民法院应于两个工作日内制作《指定管理人决定书》，并向被指定的管理人、破产申请人、债务人送达，与受理破产申请的民事裁定书一并公告。

人民法院发布公告，可在全国企业破产重整案件信息网发布，也可在人民法院报等媒体平台上发布。

第四十八条 人民法院在向管理人送达《指定管理人决定书》的同时，应一并出具《刻制管理人公章函》。管理人应于两个工作日内持该函件到公安机关指定的地点刻制管理人公章，并交人民法院封样备案后启用。

第四十九条 管理人公章启用后两日内，管理人可持公章、破产受理裁定书、指定管理人决定书等到银行申请开立管理人账户。债务人的资金一般应划入管理人账户集中统一管理。

第五十条 收到《指定管理人决定书》后，管理人应在七日内制定管理人工作规程、会议议事规程、财务收支管理制度、证照和印章管理制度、突发事件处理应急预案、档案管理制度、保密制度等内部管理制度，报人民法院备案。

第五十一条 收到《指定管理人决定书》后，管理人应在三个工作日内进驻债务人企业。债务人一般应在企业驻地为管理人提供固定办公场所，悬挂管理人办公室标志。

第五十二条 管理人进驻债务人企业后，一般应在二十日内完成清点接管工作。确因资产权属不清、分布区域广等客观原因无法完成交接的，报经人民法院同意后，可对交接期限予以延长。

债务人应予配合移交。拒绝配合的，经管理人申请，人民法院可依据《企业破产法》第一百二十七条对直接责任人员罚款；也可参照《中华人民共和国民事诉讼法》第一百一十四条规定，对主要负责人或者直接责任人员采取罚款、拘留等处罚措施。

人民法院有权参与并监督管理人接管资产过程。

第五十三条 第一次债权人会议召开前，管理人应配合人民法院做好以下准备工作：

（一）拟订债权人会议议程及工作预案；

（二）向债务人的法定代表人或者负责人发出通知，要求其到会；

（三）向债务人的上级主管部门、开办人或者股东代表发出通知，要求其派员列席会议；

（四）通知审计、评估等人员参加会议；

（五）通知职工代表、工会代表参加会议；

（六）编制债权表，确有必要时应提请法院确认临时表决权；

（七）制定需要审议或者表决的议案；

（八）需要提前准备的其他工作。

第五十四条 债权人人数较多，地处分散的，为保障债权人等主体参与破产程序的权利，可采取网络方式召开债权人会议。

决定采取网络方式召开债权人会议的，除第一次债权人会议由管理人协助人民法院组织实施外，之后的债权人会议均由管理人负责组织实施。

第五十五条 在第一次债权人会议召开之前，管理人决定继续或者停止债务人的营业，处理涉《企业破产法》第六十九条规定行为之一的，应当经人民法院许可。

管理人拟确认取回权、抵销权、别除权、优先权成立，或拟通过清偿债务或者提供担保取回质物、留置物，又或与质权人、留置权人协议以质物、留置物折价清偿债务等，应当按《企业破产法》第六十九条规定，向债权人委员会或人民法院报告。

第五十六条 机构管理人有下列情形之一的，人民法院可以根据债权人会议的申请或者依职权决定更换管理人：

（一）执业许可证或者营业执照被吊销或者注销的；

（二）出现解散、破产事由或者丧失承担执业责任风险能力的；

（三）与本案有利害关系的；

（四）履行职务时，因故意或者重大过失导致债权人利益受到损害的；

（五）有重大债务纠纷或者因涉嫌违法行为正被相关部门调查的。

管理人违反法律、司法解释规定私自收费，利用管理人的身份或地位为自己和他人谋取私利，明显缺乏担任管理人所应具备的专业能力等，可认定为本条第一款第（四）项规定的应当更换管理人的其他情形。

第五十七条 个人管理人有下列情形之一的，人民法院可以根据债权人会议的申请或者依职权决定更换管理人：

（一）执业资格被取消、吊销的；

（二）失踪、死亡或者丧失民事行为能力的；

（三）与本案有利害关系的；

（四）履行职务时，因故意或者重大过失导致债权人利益受到损害的；

（五）因健康原因无法履行职务的；

（六）执业责任保险失效的；

（七）有重大债务纠纷或者因涉嫌违法行为正被相关部门调查的。

管理人违反法律、司法解释规定私自收费，利用管理人的身份或地位为自己和他人谋取私利，明显缺乏担任管理人所应具备的专业能力等，可认定为本条第一款第（四）项规定的应当更换管理人的其他情形。

第五十八条 社会中介机构有下列情形之一，可能影响其忠实履行管理人职责的，可以认定为《企业破产法》第二十四条第三款第（三）项规定的“与本案有利害关系”：

（一）与债务人、债权人有未了结的债权债务关系；

（二）在受理破产申请前三年内，曾为债务人提供相对固定的中介服务；

（三）现在是或者在受理破产申请前三年内曾经是债务人、债权人的控股股东或者实际控制人；

（四）现在担任或者在受理破产申请前三年内曾经担任债务人、债权人的财务顾问、法律顾问；

（五）其他可能影响其忠实履行管理人职责的情形。

第五十九条 社会中介机构的派出人员、个人管理人有下列情形之一，可能影响其忠实履行管理人职责的，可以认定为《企业破产法》第二十四条第三款第（三）项规定的“与本案有利害关系”：

（一）与债务人、债权人有未了结的债权债务关系的；

（二）在受理破产申请前三年内，曾为债务人提供相对固定的中介服务的；

（三）在受理破产申请前三年内，曾是债务人、债权人的控股股东或者实际控制人的；

（四）在受理破产申请前三年内，曾担任债务人、债权人的财务顾问、法律顾问的；

（五）在受理破产申请前三年内，曾担任债务人、债权人的董事、监事、高级管理人员的；

（六）与债权人或者债务人的控股股东、董事、监事、高级管理人员存在夫妻、直系血亲、三代以内旁系血亲或者近姻亲关系的；

（七）存在其他可能影响其公正履行管理人职责情形的。

第六十条 债权人会议决定申请更换管理人的，人民法院应在收到申请后通知管理人在两日内作出书面说明。自收到管理人书面说明之日起十日内，人民法院应作出驳回申请或更换管理人的决定。

决定更换经评审委员会讨论选定的管理人时，应向原评审委员会报告，并从接替人选中选定新的管理人。

第六十一条 管理人没有正当理由不得辞去职务。管理人辞去职务应当经过人民法院许可。

管理人申请辞去职务未获许可，但仍坚持辞职并拒绝履行管理人职责的，或者人民法院决定更换管理人后，原管理人拒不向新任管理人移交相关事务的，受理破产案件的人民法院可根据《企业破产法》第一百三十条对管理人处以罚款，并可向编制管理人名册的人民法院书面报告，编制管理人名册的人民法院可以决定停止其担任管理人一年至三年，或者将其从管理人名册中除名。

人民法院对管理人作出上述处罚决定，应报本院院长批准后制作决定书。

管理人不服罚款决定的，可以在十日内向上一级人民法院申请复议。上一级人民法院应在五日内作出决定，向管理人送达，并将复议决定通知作出处罚决定的人民法院。

第六十二条 受理企业破产申请后，人民法院应依照相关规定初步确定管理人报酬方案。管理人报酬方案应当包括报酬比例和收取时间。

人民法院在初步确定管理人报酬比例时，应当对债务人可供清偿的财产价值和管理人的工作量作出预测，还应综合考虑以下因素：

（一）破产案件的复杂性；

（二）管理人承担的风险和责任；

（三）债务人住所地居民可支配收入及物价水平；

（四）其他影响管理人报酬的情况。

在确定报酬收取时间时，原则上应当根据破产案件审理进度和管理人履行职务情况，分期向管理人支付。案情简单、耗时较短的破产案件，可以在破产程序终结后一次性向管理人支付。

第六十三条 人民法院应当自确定管理人报酬方案之日起三日内，书面通知管理人。管理人应当在第一次债权人会议上报告管理人报酬方案内容。

第六十四条 管理人、债权人会议对管理人报酬方案有意见的，可以进行协商。双方就调整管理人报酬方案内容协商一致的，管理人应向人民法院书面提出具体请求和理由，并附相应的债权人会议决议。人民法院经审查认为上述请求和理由不违反法律和行政法规强制性规定，且不损害他人合法权益的，应当按照双方协商的结果调整管理人报酬方案。

第六十五条 人民法院确定管理人报酬方案后，可以根据破产案件和管理人履行职责的实际情况，依职权进行调整。

第六十六条 采取公开竞争方式指定管理人的，社会中介机构的自报价一般不得超过最高人民法院《关于审理企业破产案件确定管理人报酬的规定》第二条的限制范围。人民法院可以根据社会中介机构自报价确定管理人报酬方案。该报酬方案一般不予调整，但债权人会议异议成立的除外。

第六十七条 最终确定的管理人报酬及收取情况，应列入破产财产分配方案、和解协议草案或重整计划草案，提交债权人会议表决。

第六十八条 管理人收取报酬，应向人民法院提出书面申请。人民法院应当自收到上述申请书之日起十日内，依法予以确定。

第六十九条 管理人在履职过程中，主动按照《企业破产法》第三十一条或三十二条，第十六条或三十三条，第三十五条或三十六条规定追回的财产，应计入管理人获取报酬的基数。

对前述被追回的资产，人民法院可区分计算，适当提高该部分资产的报酬比例，一般不得超出最高人民法院《关于审理企业破产案件确定管理人报酬的规定》第二条规定限制范围的10%。

第七十条 管理人通过聘请本专业的其他社会中介机构或者人员协助其履

行《企业破产法》第二十五条规定的管理人职责的，所需费用应从其自身报酬中支付。

第七十一条 管理人确有必要聘请其他社会中介机构或者人员代理参加重大诉讼、仲裁、执行，对债务人进行审计和评估，对具体财产实施调查、管理和处置等专业性较强的重大工作，所需费用不属于管理人报酬，从破产费用中列支，但应经债权人会议同意。

第七十二条 管理人为两个以上社会中介机构或者个人的，各方可以协商确定报酬分配原则和比例。不能协商一致的，人民法院应当根据案件情况和管理人履行职责情况等因素予以确定。

第七十三条 管理人发生更换的，人民法院应当根据其履行职责的情况分别确定更换前后的管理人报酬。但报酬总和不得超出最高人民法院《关于审理企业破产案件确定管理人报酬的规定》第二条规定的限制范围。

第七十四条 管理人对担保物的维护、变现、交付等付出合理劳动的，有权向担保权人收取适当的报酬。管理人与担保权人就上述报酬数额不能协商一致的，人民法院应当参照最高人民法院《关于审理企业破产案件确定管理人报酬的规定》第二条规定的方法确定，但报酬比例不得超出该条规定限制范围的10%。

第七十五条 债权人会议对管理人报酬有异议的，应当向人民法院书面提出具体的请求和理由，并附有相应的债权人会议决议。人民法院应当自收到债权人会议异议书之日起三日内通知管理人。管理人应当自收到通知之日起三日内作出书面说明。确有必要的，人民法院可以举行听证会，听取当事人意见。

人民法院应当自收到债权人会议异议书之日起十日内，就是否调整管理人报酬问题形成决议并书面通知管理人、债权人委员会或者债权人会议主席。

第七十六条 清算组中有关政府部门派出的工作人员不收取报酬。其他机构或人员的报酬根据其履行职责的情况确定。

第三章 债权申报、审核及确认

第七十七条 受理案件后五日内，人民法院应及时办理下列事项：

（一）制作《受理破产案件公告》；

（二）制作《告知合议庭组成人员通知书》《债务人须知》，送达申请人、被申请人；

（三）在债务人企业发布公告，要求债务人保护好企业财产、账册、印章、资料，停止清偿债务，不得擅自隐匿、私分、出售企业财产；

（四）制作《中止诉讼（仲裁）通知书》《解除保全措施通知书》《中止执行通知书》，在管理人的协助下，及时送达相关人民法院和仲裁机构；

（五）其他需要办理的事项。

第七十八条 破产案件受理后，人民法院应当及时确定申报债权的期限、地点和注意事项，在管理人的协助下，自裁定受理破产申请之日起二十五日内通知已知债权人，并予公告。

第七十九条 债权申报期限自发布受理破产申请公告之日起计算，最短不得少于三十日，最长不得超过三个月。

在债权申报期内，管理人应当安排专人在人民法院公告明确的债权申报地点受理债权申报事宜。

第八十条 债权申报人应提交身份证明文件，书面说明申报债权的金额及性质，并将相应的证据提交管理人进行审查。

形式审查合格的，管理人应出具债权申报回执，并将申报的债权登记入《申报债权登记表》。登记表应包含但不限于如下内容：债权人姓名、地址、开户银行及联系方式，债权申报时间，债权数额和性质，债权有无担保及担保形式等。

同一债权人申报多笔债权的，应当分别登记。

第八十一条 为便于债权申报人收到人民法院、管理人寄送的文书，保证破产程序的顺利进行，在债权人申报债权时，管理人应让债权申报人填写送达地址确认书或电子送达地址确认书。

第八十二条 债务人在人民法院受理破产申请前所负的债务，债权人可以向管理人申报债权。

债权人有权就未到期的债权，附条件和附期限的债权，以及诉讼、仲裁未决的债权向管理人申报。

未到期债权，在破产申请受理时视为债权到期。

第八十三条 债务人的保证人或其他连带债务人尚未代债务人清偿债务的，可就其将来追偿权申报债权。债权人已向管理人申报全部债权的，保证人和其他连带债务人无需另行申报。

债权人申报债权后，在通过破产程序实际获得清偿前，保证人或者其他连带债务人代债务人清偿债务的，保证人或者其他连带债务人可在债权人申报债权的范围内依据破产程序受偿。保证人或其他连带债务人无权就其已清偿的债务人进入破产程序之后产生的利息部分向债务人追偿。

第八十四条 债权人申报债权后，将已申报债权的全部或部分转让的，应及时通知管理人，债权受让人无需再行申报债权。

第八十五条 职工债权无需申报，由管理人直接编制职工债权清单并在债权申报地点、债务人住所地或网络平台进行公示。

债务人应在破产受理之日起十五日内向管理人提供职工名册、工资发放记录、社会保险费用和住房公积金缴纳记录，说明是否欠付职工工资和医疗、伤残补助、抚恤费用，及法律、行政法规、地方性法规规定应当支付给职工的补偿金。债务人在破产受理前已经自行安置职工的，应当向管理人提供安置情况说明，并附相应证据材料。

根据职工债权调查的需要，管理人可以要求债务人提供劳动合同、考勤记录、劳动仲裁裁决书等资料。

债务人下落不明，或不提供上述材料的，管理人可以向债务人住所地劳动监察机构、住房公积金管理机构和社会保险管理机构调取证据。必要时，可以申请人民法院向上述机构调取证据。

第八十六条 他人代债务人垫付工资和医疗费用、伤残补助、抚恤费用、基本养老保险、基本医疗保险、住房公积金等费用的，应当在人民法院规定的债权申报期内进行债权申报，管理人可按职工债权予以确认并予以公告。

第八十七条 已经人民法院生效法律文书，或仲裁机构、劳动仲裁机构生效裁决书确定的债权，管理人应按生效法律文书确定的数额和计算方法予以认定。债权人、债务人对此持有异议的，应通过审判监督程序处理。

第八十八条 未经诉讼或仲裁的债权，管理人应结合债务人财务账册、审计报告等，对债权是否真实存在，债权数额是否正确，债权是否超过诉讼时效，债权有无担保等进行实质审查，明确债权性质，将债权区分为应予确认、暂缓确认及不予确认，并编制债权表。

第八十九条 管理人应将债权表提交第一次债权人会议核查。

第九十条 债权被确认的债权人，有权出席债权人会议，依据其被确认的债权性质和债权数额在债权人会议上享有相对应的表决权利，并在将来破产财产分配时，获得相应清偿。

第九十一条 下列债权，管理人可暂不予确认：

（一）管理人尚未得出审查结论或复核结论的债权；

（二）管理人作出审查结论或复核结论后，债权人提起诉讼的债权；

（三）附条件但条件未成就的债权；

（四）诉讼和仲裁未决的债权；

（五）债务人的保证人或其他连带保证债务人以将来求偿权申报的债权。

第九十二条 尚未确认债权的债权申报人或管理人申请人民法院临时确定债权额的，应当提交基础证据。

人民法院经初步审查证据，再结合利害关系人意见及给予临时表决权对破产程序的影响等因素，能基本确定债权数额及债权性质的，可以作出临时确定债权额的决定书，向该债权申报人、债务人、管理人及异议人送达。

债权人按照人民法院临时确定的债权性质和债权数额，在债权人会议上行使表决权。

如果最终被确认不属于破产债权，则不得继续参加破产分配，已按临时债权额行使的表决权不再纠正。如果被确认属于破产债权，则按最终确定的债权性质和数额参加分配。

第九十三条 债务人或债权人对管理人书面通知的审查结果或债权表记载的债权有异议的，管理人应当对异议债权予以复核，并在五日内将复核结论书面告知异议人，异议人不服复核结论的，管理人应在债权登记表中对此予以注明，并提交债权人会议核查。异议人仍有异议的，应在债权人会议核查结论作出后十五日内向受理破产案件的人民法院提起诉讼，或依据当事人在破产程序前订立的有效仲裁协议向选定的仲裁机构申请仲裁。逾期不提起诉讼或申请仲裁的，管理人可按无异议处理。

第九十四条 债权人委员会有权要求管理人、债务人的有关人员对债权及审核进行说明或者提供有关文件，管理人、债务人的有关人员应予以配合。

第九十五条 债权表中债务人、各债权人均无异议的债权，人民法院应当及时制作确认债权的裁定书。

对裁定确认的债权，当事人无权再提起异议之诉。

第四章 重 整

第九十六条 债权人、债务人可以直接向人民法院提出重整申请。

债权人申请债务人破产清算的，在破产申请受理后，宣告债务人破产前，债务人或者出资额占债务人注册资本十分之一以上的出资人，可以向人民法院提出重整申请。

第九十七条 在企业进入重整程序之前，可以先由债权人与债务人、出资人等利害关系人通过庭外商业谈判，拟定重组方案。重整程序启动后，可以重组方案为依据拟定重整计划草案提交人民法院依法审查批准。

第九十八条 债务人申请重整，应提交如下材料：

（一）重整申请书；

（二）债务人主体资格证明及债务人最近三个年度内的工商登记材料；

（三）债务人法定代表人或主要负责人名单，以及债务人董事、监事、高级管理人员名单；

（四）财产状况说明，包括有形资产、无形资产、对外投资情况、资金账户情况等；

（五）债权清册，列明债务人名称、住所、债权数额、有无担保、形成时间和催收情况；

（六）债务清册，列明债权人名称、住所、债权数额、有无担保和债务形成时间；

（七）企业亏损情况的书面说明及有关财务会计报表；

（八）债务人涉诉讼、仲裁、执行情况；

（九）债务人重整可行性分析报告，内容包括：主要债权人对重整的意见；职工对重整的意见；债务人继续经营方案及可行性分析；资金筹集方案、债务清偿方案及可行性分析；债务人具有挽救价值的说明（债务人重整的社会价值、经济效益、重整成本等）；职工安置情况或预案（拟安置职工基本情况、解决方案、维稳风险评估及应对等）；

（十）董事、监事、高级管理人员和职工工资的支付，以及社会保险费用、住房公积金的缴纳情况；

（十一）债务人股东（大）会同意重整的决议文件；

（十二）申请人为国务院国有资产监督管理委员会和财政部联合颁布的《企业国有资产交易监督管理办法》（国务院国有资产监督管理委员会、财政部令第32号）第四条定义的“国有及国有控股企业、国有实际控制企业”的，应当提交其上级主管部门同意其重整的相关文件；

（十三）其他需要提交的材料。

第九十九条 债权人申请债务人重整，应提交如下材料：

（一）重整申请书；

（二）债权人及债务人主体资格证明；

（三）债权发生的事实与证据，债权性质、数额及债权有无担保的证据。申请承担连带保证责任的债务人重整的，还须提交人民法院或者仲裁机构的生效法律文书；

（四）债权履行期限届满及债务人不能清偿的证据；

（五）重整价值分析和重整可行性报告；

（六）其他需要提交的材料。

第一百条 出资人申请公司重整，除应参照本指引第九十八条提交材料外，还应提交能够证明申请人为债务人出资人及申请人单独或合计出资份额占十分之一以上的证明材料。

第一百零一条 人民法院实质审查重整申请时，一般组织听证。

组织听证的，应通知重整申请人和债务人参加。当地政府已经成立债务人清算组或者工作组的，还应通知清算组或工作组人员参加听证。必要时可邀请债务人股东、债务人实际控制人及已知的主要债权人等参加听证。

第一百零二条 通过审查债务人资产状况、技术工艺、生产销售、行业前景等因素，对符合国家产业结构调整政策，社会价值高，符合重整条件、具备重整价值及拯救可能性的企业，人民法院应裁定受理重整申请，并予公告。

第一百零三条 收到商业银行、证券公司、保险公司等金融机构以及上市公司作为被申请人的重整申请后，应在五日内逐级层报至省高级人民法院备案。

裁定受理前款重整申请前，应再次逐级层报，并由省高级人民法院报送最高人民法院审查批准。

第一百零四条 债务人不具备破产原因，或虽具备破产原因，但明显不具备重整价值或重整可能性的，人民法院应当裁定不予受理申请人的重整申请。

第一百零五条 人民法院应在裁定作出之日起五日内送达申请人。债权人或出资人提出重整申请的，还应当自裁定作出之日起五日内送达债务人。

申请人对不予受理破产重整申请的裁定不服的，可以自裁定送达之日起十日内向上一级人民法院提起上诉。

第一百零六条 在人民法院裁定受理债务人重整前，申请人可以请求撤回重整申请，人民法院应予准许。

第一百零七条 重整期间，非经受理重整案件的人民法院许可，债务人的董事、监事、高级管理人员不得向第三人转让其持有的债务人股权。

对出资人所持有的债务人股权，受理重整案件的人民法院可以依据管理人申请或依职权采取保全措施。

第一百零八条 重整期间，债务人可申请自行管理财产和营业事务。人民法院同意债务人申请的，应督促管理人认真履行监督职责。

第一百零九条 债务人自行管理财产和营业事务时进行的下列行为，应报经管理人同意，并向人民法院或债权人委员会报告：

（一）转让土地、房屋等不动产权益；

（二）转让探矿权、采矿权、知识产权等财产权益；

（三）转让其对其他公司持有的股权；

（四）转让债权和有价证券；

（五）对外借款；

（六）设定财产担保；

（七）放弃权利；

（八）取回担保物；

（九）变更公司业务或经营方案；

（十）订立或解除重要或长期性合同；

（十一）重要的人事任免；

（十二）履行或解除债务人和对方当事人均未履行完毕的合同；

（十三）应事先批准的其他行为。

第一百一十条 债务人在自行管理财产和营业事务过程中，存在欺诈等不当行为，导致重整程序迟缓等对债权人不利后果的，人民法院可以依利害关系人的申请或依职权撤销债务人自行管理的决定，由管理人负责管理债务人的财产和营业事务。

第一百一十一条 重整期间，管理人负责管理财产和营业事务的，可以聘请债务人的经营管理人员负责营业事务，但应事先向人民法院进行报备。

第一百一十二条 重整期间，对债务人的特定财产享有的担保权暂停行使。

担保权人依据《企业破产法》第七十五条第一款规定，请求恢复行使担保权的，由审理重整案件的合议庭进行审查，担保物存在损坏或者价值明显减少可能，足以危害担保权人权利的，应于收到申请后的十五日内书面决定准许担保权人恢复行使担保权。

第一百一十三条 重整期间，出现《企业破产法》第七十八条规定情形，管理人或利害关系人请求裁定终止重整程序并宣告债务人破产的，人民法院收到申请后，应在十五日内裁定终止重整程序，宣告债务人破产，并予公告。

第一百一十四条 债务人或管理人未能按《企业破产法》第七十九条第一款规定提交重整计划草案的，应在六个月期限届满的十日前申请延期并说明理由。理由成立的，人民法院应在六个月的期限届满前裁定同意延期三个月提交重整计划草案；理由不成立的，应当裁定终止重整程序，并宣告债务人破产。

第一百一十五条 收到重整计划草案后，人民法院应当在三日内确定召开债权人会议的时间、地点。并由管理人协助，在债权人会议召开十五日前通知债权人。

债权人会议应在收到重整计划草案之日起三十日内召开，对重整计划草案进行表决。

第一百一十六条 人民法院可以依据利害关系人申请或依职权决定在普通债权组中设小额债权组对重整计划草案进行表决。人民法院决定设小额债权组的，应在分组表决十日前作出决定并告知管理人。

第一百一十七条 重整计划草案涉及出资人权益调整事项的，应当设出资人组对该事项进行表决。人民法院决定设出资人组的，应在分组表决十日前作出决定并告知管理人。

第一百一十八条 重整计划经债权人会议表决通过后，债务人或管理人应于十日内申请人民法院批准重整计划草案。

重整计划不违反法律规定，企业重新获得盈利能力的经营方案具有可行性，表决程序合法且内容不损害各表决组中反对者清偿利益的，人民法院应在收到申请后三十日内裁定批准重整计划，终止重整程序，并予公告。

第一百一十九条 部分表决组未通过重整计划草案，且拒绝再次表决或者经再次表决仍未通过重整计划草案，债务人或管理人申请人民法院强制批准重整计划草案的，人民法院应审慎审查。

确需强制批准重整计划草案的，重整计划草案除应当符合《企业破产法》第八十七条第二款规定外，如债权人分多组的，还应当至少有一组已经通过重整计划草案，且各表决组中反对者能够获得的清偿利益不低于依照破产清算程序所能获得的利益。

强制批准重整计划草案，一般应由受理重整案件的人民法院审判委员会讨论决定。

第一百二十条 人民法院裁定批准重整计划、终止重整程序后，即可在“全国企业破产重整案件信息网”上办理结案。

第一百二十一条 人民法院裁定批准重整计划后，由债务人负责执行，管理人负责监督，人民法院应督促管理人认真履行监督职责。

第一百二十二条 重整计划执行期间，债务人或管理人申请延长重整计划执行监督期限的，人民法院应在重整计划监督期届满前作出是否同意延长的裁定，并予公告。

第一百二十三条 重整计划执行期间，债务人应当严格执行重整计划，因出现国家政策调整、法律修订变化等特殊情形，导致重整计划无法执行的，管理人或债务人可以申请变更重整计划一次。

管理人或债务人申请变更重整计划的，应先提交债权人会议表决。债权人会议决议同意变更重整计划的，应当自决议通过之日起十日内申请人民法院批准。人民法院经评议认为重整计划确有必要变更的，且债权人会议决议真实、合法的，应当重新编立破产案件案号，并自收到申请后三十日内裁定同意变更重整计划，同时明确债务人和管理人应于收到裁定之日起六个月内提交新的重整计划。

第一百二十四条 重整计划变更草案应提交因重整计划变更而遭受不利影响的债权人组和出资人组进行表决。表决及人民法院批准程序与之前表决及批准原重整计划程序相同。

第一百二十五条 重整计划执行期间，债务人不能执行或不执行重整计划，或变更重整计划的申请未经债权人会议同意或者人民法院不批准变更申请的，管理人或者利害关系人请求裁定终止重整计划的执行并宣告债务人破产的，人民法院应在收到申请后十五日内裁定终止重整计划的执行，宣告债务人破产，并予公告。

第一百二十六条 企业重整计划被批准后，人民法院应当将该重整企业的相关失信信息从失信被执行人名单库中删除，并解除对重整企业原法定代表人、负责人及相关责任人员已实施的信用惩戒措施。人民法院还应通过加强与政府的沟通协调，帮助重整企业修复信用记录，依法获取税收优惠，以利于重整企业恢复正常生产经营。

第五章 和 解

第一百二十七条 债务人申请和解，应提交和解协议草案，人民法院经审查认为和解申请符合法律规定的，应当于收到申请后十五日内裁定和解，并予公告。

第一百二十八条 人民法院裁定和解后，担保权人对债务人的特定财产主张行使担保权的，管理人应及时变价处置，不得以须经债权人会议决议等为由拒绝，但因单独处置担保财产会降低其他破产财产价值而应整体处置的除外。

第一百二十九条 人民法院应在裁定和解之日起三十日内召开债权人会议，表决和解协议草案。

第一百三十条 债权人会议表决通过和解协议后，人民法院应在十日内就协议内容进行评议，制作认可和解协议裁定书，终止和解程序，并予公告。

裁定终止和解程序后，即可在“全国企业破产重整案件信息网”上办理结案。

第一百三十一条 和解协议草案未获债权人会议表决通过，或虽获通过但人民法院不予认可的，人民法院应当于债权人会议后三十日内作出终止和解程序并宣告债务人破产的裁定，并予公告。

第一百三十二条 和解债权人以债务人不能执行或者不执行和解协议为由，申请人民法院裁定终止和解程序，并宣告债务人破产的，人民法院应当通知债务人和管理人于五日内作出书面说明，必要时可以组织听证。

人民法院认为和解债权人的申请理由不成立的，应当自收到债务人和管理人书面说明后三十日内作出不予准许的裁定。

人民法院认为和解债权人的申请理由成立的，应当自收到债务人和管理人书面说明后三十日内作出终止和解程序并宣告债务人破产的裁定，并予公告。

第一百三十三条 受理破产申请后，债务人与全体债权人在破产程序终结之前就债权债务的处理自行达成协议的，可以请求人民法院认可。人民法院经评议认可当事人协议的，应当制作认可协议内容并终结破产程序的裁定书。

第六章 破产清算

第一百三十四条 债务人财产不足以清偿破产费用，且无人代为清偿或予以垫付的，管理人应当提请人民法院宣告债务人破产并终结破产程序。

人民法院应当自收到请求之日起十五日内裁定宣告债务人破产，终结破产程序，并予以公告。

第一百三十五条 第一次债权人会议召开之后，无人提出重整或和解申请，债务人符合《企业破产法》规定的宣告破产条件的，管理人应当在债权审核确认和必要的审计、资产评估后，申请人民法院裁定宣告债务人破产。管理人不申请的，人民法院可依职权宣告破产。

第一百三十六条 破产和解或重整申请受理后，债务人出现应当宣告破产的法定原因时，人民法院可以依据相关主体的申请宣告债务人破产，也可以依职权宣告债务人破产。

第一百三十七条 相关主体向人民法院提出宣告破产申请的，人民法院应当及时作出裁定。裁定宣告债务人破产的，应自破产宣告的裁定作出之日起五日内送达债务人和管理人，十日内通知已知债权人，并予公告。

第一百三十八条 债务人被宣告破产后，不得再转入重整、和解程序。

第一百三十九条 在破产清算程序中，对债务人特定财产享有担保权的债权人可以随时向管理人主张就该特定财产变价处置行使优先受偿权，管理人应及时变价处置，不得以须经债权人会议决议等为由拒绝，但因单独处置担保财产会降低其他破产财产价值而应整体处置的除外。

第一百四十条 破产财产评估及处置由管理人负责。

管理人应及时拟定破产财产变价方案及破产财产分配方案提交债权人会议讨论。

第一百四十一条 破产财产可以通过网络公开拍卖方式进行，以实现价值最大化。

拍卖所得预计不足以支付评估拍卖费用，或者拍卖不成的，管理人应制作作价变卖方案或实物分配方案，详细说明理由，提交债权人会议讨论表决。

第一百四十二条 管理人拟定的有关破产财产的变卖或实物分配方案，经债权人会议表决但未获通过的，人民法院应指导管理人调整方案。管理人应将调整优化后的方案提交债权人会议再行表决一次。方案中的财产可作区分的，可仅就前次会议未通过部分进行调整并提交债权人会议再次表决。

第一百四十三条 变卖或实物分配的方案经债权人会议两次表决仍未通过的，管理人应在七日内形成书面报告，附相应的评估报告、拍卖痕迹证据等，提交人民法院裁定处理。

第一百四十四条 人民法院可依据《关于人民法院确定财产处置参考价若干问题的规定》，采用定向询价、网络询价等方式，判断拍卖所得是否足以支付评估拍卖费用。

第一百四十五条 对于拍卖不成的破产财产，人民法院应当分析原因，协调税收、规划、国土、房管、矿产资源等有关政府部门，争取政策，降低成本，提升破产财产市场竞争力，增加破产财产成交的可能性。

第一百四十六条 管理人应按照债权人会议决议或人民法院裁定的破产财产变价方案，及时变价出售破产财产。

第一百四十七条 根据管理人的申请，人民法院决定同意实物分配的，应及时制作准予实物分配的裁定。

第一百四十八条 债务人已无财产可供分配，管理人应按照法律规定提请终结破产程序，人民法院应当自收到管理人的请求之日起十五日内就是否终结破产程序作出裁定。裁定终结的，进行结案，并予公告。

第一百四十九条 债权人根据《企业破产法》第一百二十三条第（一）项、第（二）项的规定请求人民法院按照破产财产分配方案进行追加分配的，人民法院应当另立破产案件案号，及时制作追加分配裁定书。

有前款规定情形，但财产数量不足以支付分配费用的，不再进行追加分配，由人民法院将其上交国库。

第七章　跨境破产

第一百五十条 人民法院处理跨境破产案件时，应当遵循互惠、开放、审慎原则，积极、稳妥、有序地处理相关冲突。

第一百五十一条 外国破产程序代表申请承认和执行外国法院破产程序的，收到申请的人民法院应于三日内逐级层报省高级人民法院。

第一百五十二条 因债务人部分资产位于境外，管理人需要向外国司法机构请求司法救助的，人民法院可采用授权管理人作为债务人代表的方式处理。授权之前，应逐级层报省高级人民法院批准。

第一百五十三条 人民法院承认外国法院作出的破产案件判决、裁定后，债务人在中华人民共和国境内的财产在全额清偿境内的担保权人、职工债权和社会保险费用、所欠税款等优先权后，剩余财产可以按照该外国法院的规定进行分配。

第八章 执行案件移送破产审查

第一百五十四条 执行案件移送破产审查的案件，适用《云南省高级人民法院关于规范执行案件移送破产审查工作的意见》的相关规定。

《云南省高级人民法院关于规范执行案件移送破产审查工作的意见》未作规定的，适用本指引。

第九章 破产衍生诉讼

第一百五十五条 人民法院受理破产申请后，在破产程序终结之前，涉及该破产案件债务人的一审民事诉讼，由受理破产申请的人民法院管辖，但债务人作为未被要求承担责任的无独立请求权第三人参与诉讼的除外。

前款规定的破产申请受理日期，以人民法院出具受理破产（含重整、和解）裁定的落款日为准。破产程序终结日期，适用破产清算程序的，以人民法院出具终结破产程序裁定的落款日为准；适用重整（和解）程序的，以人民法院出具终止重整（和解）程序裁定的落款日为准。

第一百五十六条 受理破产申请的人民法院管辖的有关债务人的一审民事案件，可以依据《中华人民共和国民事诉讼法》第三十八条规定，由上级人民法院提审，或者报请上级人民法院批准后交下级人民法院审理。

受理破产申请的人民法院，如对有关债务人的海事纠纷、专利纠纷、证券市场因虚假陈述引发的民事赔偿纠纷等案件不能行使管辖权的，可以依据《中华人民共和国民事诉讼法》第三十七条的规定，由上级人民法院指定管辖。

第一百五十七条 人民法院受理破产申请后，债务人之前订立的仲裁协议和仲裁条款的效力不受影响。

第一百五十八条 在破产申请受理前，已经受理但未审结的民事诉讼和仲裁，在破产申请受理后，应当及时中止。

债务人的委托诉讼代理人应及时向管理人报告，没有委托诉讼代理人的，受理民事诉讼的人民法院应通过受理破产案件的人民法院转告管理人，管理人应在接管债务人财产后十日内，主动对接受理民事诉讼的人民法院和受理仲裁案件的仲裁机构，诉讼或仲裁程序恢复。管理人应明确是否继续委托之前参与诉讼的委托诉讼代理人参与诉讼或仲裁。

第一百五十九条 在破产衍生诉讼中，债务人企业作为当事人的，当事人名称继续沿用。

管理人的负责人依法取代债务人法定代表人作为“诉讼代表人”代表债务人参加诉讼。

第一百六十条 在破产衍生诉讼中，管理人作为当事人的，如破产撤销权诉讼、抵销权诉讼、请求撤销个别清偿行为诉讼、管理人责任纠纷等，应直接列管理人为当事人，并注明其为某债务人管理人。

诉讼利益归债务人所有的，应追加债务人作为第三人参与诉讼。

第一百六十一条 人民法院受理破产申请后，尚未审结的以债务人为被告所提起的给付之诉案件，人民法院应就《企业破产法》十六条规定向原告释明，将诉讼请求变更为债权确认之诉。当事人拒绝变更的，依法驳回起诉。

第一百六十二条 人民法院受理破产申请后，债务人的债权人只能通过破产程序进行受偿，不得就该债权对债务人提起新的给付之诉。债权人起诉的，人民法院应不予受理；已经受理的，裁定驳回起诉，并告知债权人向债务人的管理人申报债权。

第一百六十三条 人民法院受理破产申请后，债权人未申报债权而直接起诉请求确认债权的，人民法院应当告知其向管理人申报债权，对其起诉不予受理；已经受理的，驳回起诉。

第一百六十四条 主债务人进入破产后，债权人有权申报债权，也可以向保证人主张权利。

债权人仅起诉未进入破产程序的连带责任保证人，未起诉主债务人的，不属破产衍生诉讼的范畴，不受破产集中管辖的限制。

连带责任保证人承担保证责任的范围，不受主债务人因破产而停止计息的影响。

第一百六十五条 破产程序终结后，债权人就破产程序中未受清偿部分要求保证人承担保证责任的，应在破产程序终结后六个月内提出。

保证人承担保证责任后，不得再向和解或重整后的债务人行使求偿权。

第十章 附 则

第一百六十六条 本指引与法律、司法解释存在冲突的，以法律、司法解释为准。

第一百六十七条 公司强制清算案件，可参照本指引相关规定审理。

第一百六十八条 本指引自印发之日施行。

广东省高级人民法院
关于“僵尸企业”司法处置工作指引

（2019年5月29日发布）

为全面贯彻中央和省委深化供给侧结构性改革、清理“僵尸企业”的决策部署，落实国家产能政策、环保政策、创新驱动发展政策，充分发挥破产审判拯救和退出市场主体的职能，优化资源配置，推动经济高质量发展，结合我省“僵尸企业”出清和破产审判工作实际，制定本指引。

一、加强分类指导，切实防范风险

1. 处置“僵尸企业”应遵循市场经济规律和破产审判规律，坚持企业主体、市场运作、政府引导、司法保障，落实企业自身和企业开办人的主体责任，发挥市场在资源配置中的决定性作用，对通过市场手段或行政手段不能实现出清的，人民法院要做好“僵尸企业”司法处置工作。

2. 本指引所指“僵尸企业”司法处置，是指对纳入各级国资部门“僵尸企业”名录的国有企业，以及停产半年以上或半停产一年以上的民营企业，通过破产或强制清算，实现恢复经营活力或退出市场。

3. 司法处置“僵尸企业”要做到精准识别，分类处置。对于经营管理虽存在困难，但仍具备运营价值的“僵尸企业”，依法开展破产重整救治（破产重整救治工作参见《广东省高级人民法院关于企业破产案件若干问题的指引》）；对救治无望的“僵尸企业”，及时进行破产清算或强制清算。对“三无”企业或者没有证据证明存在债权债务关系的企业，引导当事人通过强制清算的方式退出市场；对具备破产原因的“僵尸企业”，引导当事人申请破产清算。

案件受理前，建议国资系统对符合强制清算、破产条件的国有“僵尸企业”，在移送案件时按先容易后复杂、先集中后分散、先批量后个案的原则，将“三无”企业、同一开办单位的企业以及具备关联关系的企业优先移送。

4. 对“僵尸企业”破产或强制清算案件，做到优先受理、优先审理、优先执行，为“僵尸企业”案件开辟绿色通道。

5. 在“僵尸企业”司法处置过程中要切实防范各种风险。做好债务处置风险防范，全面摸清“僵尸企业”的直接债务、统借债务和担保债务，按照国家发改委《关于进一步做好“僵尸企业”及去产能企业债务处置工作的通知》的规定，通过市场化法治化方式实现“僵尸企业”退出信贷市场，防止逃废债务，防范金融风险。做好职工安置风险防范，摸清企业职工基本状况、已安置和未安置情况，切实维护职工合法权益，确保社会稳定。做好国有资产流失风险防范，全面掌握国有“僵尸企业”资产基本情况，做好资产清查工作和财产评估工作，通过市场化公开交易的方式处置国有企业资产，加强资产回收和入库工作。做好“僵尸企业”处置法律风险防范，严格依照法定程序接收公章、账册和资料，依法清理资产，厘清产权关系和出资额，依法开展评估、审计和财产处置，杜绝违法审判和违法清理、违法处置。

二、强化诉讼指引，坚持依法立案

6. “僵尸企业”案件要严格做到依法受理。对于破产申请审查案件、强制清算申请审查案件，严格落实登记立案；对破产清算、破产重整和破产和解案件及强制清算案件，经审查符合法定条件的予以立案，不得以债务人人员下落不明、财产状况不清、账册、重要文件缺失等为由不予受理。

7. 对符合简易注销条件的“僵尸企业”，立案前建议当事人或主管单位走简易注销路径。对存在职工安置、职工集资、产权争议、对外投资、企业社会职能移交等历史遗留问题的企业，建议当事人或主管单位先行解决相关问题再申请司法处置，防止出现新的长期未结案件。

8. 非公司制“僵尸企业”法人符合《中华人民共和国民法总则》第六十九条第（一）、（四）项规定的，申请人可依据《中华人民共和国民法总则》七十条、七十一条的规定向企业主要办事机构所在地人民法院申请强制清算，企业主要办事机构所在地不明确或存在争议的，向企业注册登记地人民法院申请强制清算。

9. 债权人向人民法院提出强制清算申请的，一般应递交以下材料：

（1）强制清算申请书，载明申请目的、事实和理由；

（2）债权发生的事实、性质、数额、有无担保，并附证据；

（3）债务人已经发生解散事由的有关证据；

（4）公司解散后已自行成立清算组的，应提交清算组故意拖延清算、违法清算可能严重损害其利益的相关证据；

（5）人民法院认为需要提交的其他资料。

10. 被申请人股东（包括主管单位）向人民法院提出强制清算申请的，一般应递交以下材料：

（1）强制清算申请书，载明申请目的、事实和理由；

（2）被申请人的资产负债表及资产状况明细表，如债务人有子公司、分公司、持股参股、联营、合作企业等对外投资项目的，应专项说明；

（3）债权、债务清册，应列明被申请人的债权人及债务人的名称、住所、数额、发生时间及担保情况等；

（4）被申请人涉讼、仲裁、执行情况说明并附相关法律文书；

（5）被申请人已经发生解散事由的有关证据；

（6）公司解散后已自行成立清算组的，应提交清算组故意拖延清算、违法清算可能严重损害其利益的相关证据；

（7）人民法院认为需要提交的其他资料。

11. 债务人及依法负有清算责任的人（包括主管单位）向人民法院提出破产申请的，一般应递交以下材料：

（1）破产申请书，载明申请目的、事实和理由；

（2）职工安置情况报告，如有拖欠职工工资及社保费用的应专项说明；

（3）财产状况说明、有关财务会计报告、债务人的资产负债表及资产状况明细表，如债务人有子公司、分公司、持股参股、联营、合作企业等对外投资项目的，应专项说明；

（4）债权、债务清册，应列明债务人的债权人及债务人的名称、住所、数额、发生时间及担保情况等；

（5）债务人涉讼、仲裁、执行情况说明及相关法律文书；

（6）人民法院认为需要提交的其他资料。

12. 债权人向人民法院提出对债务人进行破产申请的，一般应提交下列材料：

（1）破产申请书，申请目的、事实和理由；

（2）债权发生的事实与证据；

（3）债权的性质、数额、有无担保，并附证据；

（4）债务人不能清偿到期债务的证据；

（5）人民法院认为需要提交的其他资料。

三、突出重点，加强破产审判保障

13. 债务人、清算义务人（包括主管单位）收到人民法院受理破产裁定后，应提前准备，做好与管理人的交接工作，包括但不限于以下准备工作：

（1）现金、银行存款、有价证券、债权债务清册、存货、流动资产、固定资产、在建工程、对外投资、无形资产等财产及相关凭证；

（2）公章、财务专用章、合同专用章、发票专用章、海关报关章、职能部门章、电子印章、法定代表人名章等印章；

（3）财产状况说明、有关财务会计报告、债务人的资产负债表及资产状况明细表、总账、明细账、台账、日记账等账簿及全部会计凭证、重要空白凭证、银行账号；

（4）批准设立文件、营业执照、税务登记证书及各类资质证书、章程、涉及股权变动的各类文件资料及各类决议、会议记录、人事档案、电子文档、管理系统授权密码等资料；

（5）债务人的各类合同、协议及相关债权、债务文件资料；

（6）有关债务人的诉讼、仲裁、执行案件的材料；

（7）债务人的其他重要资料。

对上述财产、印章、财务账册、文书等资料，无法进行交接的，应当逐一作出书面说明或者提供有关证据、线索。

14. 管理人应在收到指定管理人决定书之日起7日内接管债务人财产、印章和账簿、文书等资料。管理人在接管过程中遇到障碍应及时向人民法院报告，且有权要求债务人的主管单位协助配合。管理人自收到指定管理人决定书之日起20日内应完成债务人接管工作，并向人民法院提交接管报告及工作计划；如遇客观原因确实无法在规定时间内完成接管，管理人应向人民法院书面说明有关情况。

15. 管理人开展接管工作应注意如下事项：

（1）接管前提前和债务人有关人员或上级主管单位沟通，了解与接管有关财产、印章、财务账册、文书等情况；债务人的有关人员无法交出应交接的财产、印章和账簿、文书等资料的，管理人应当要求其作出书面说明或者提供有关证据、线索，无正当理由拒不提供的，书面申请人民法院采取相应的强制措施。

（2）管理人在对债务人基本了解的前提下，可就债务人的财产、印章、财务账册、文书等资料制定接管方案，并根据接管方案进行接管，可一次性全面接管，也可根据实际情况分期、分批接管。

（3）管理人在接管前，可将拟接管的内容和范围告知债务人的有关人员，要求作好交接准备，并告知违反交接义务应该承担的法律责任。接管时做好访谈笔录，笔录中释明相关法律责任；管理人调查询问有关人员应有两名调查人员在场并制作调查笔录，调查人员和被询问人员应当在笔录上签字确认。

（4）管理人对所接管的财产、印章、账册、文书等资料应当及时造册并妥善保管，防止毁损或遗失。财务账册、凭证等资料较多的企业，如有经营场所、主管或托管单位保管场所的，可以原地封存、并做好保管工作。

（5）管理人完成接管后，经人民法院许可或者债权人会议同意，可以聘用债务人的有关人员作为留守人员。管理人决定聘用留守人员的，应当与其重新签订聘用合同。对税务申报事宜，原则上沿用之前的财务经办人员继续完成按月申报，如果之前已经停止税务申报，可由聘用的审计单位申报或另行聘请专业技术人员申报。

（6）管理人完成接管后应当制作阶段性工作报告，向人民法院书面报告接管工作情况。

16. 管理人接受人民法院指定后即应开始对债务人状况进行调查，管理人调查工作重点如下：

（1）债务人营业状况；

（2）债务人资产状况；

（3）债务人债权、债务情况；

（4）债务人职工情况，如职工工资、经济补偿金支付及社会保险费用的缴纳等情况；

（5）债务人股东、董事或实际控制人的基本情况，重点调查债务人出资人的出资情况；

（6）债务人是否存在《中华人民共和国企业破产法》第三十一条、第三十二条或者第三十三条规定的行为；

（7）债务人的董事、监事和高级管理人员是否存在利用职权获取非正常收入或者侵占债务人财产的行为；

（8）债务人未履行完毕的合同情况；

（9）有关债务人的未审结诉讼、仲裁及未执行完毕的案件情况；

（10）有关债务人的其他情况。

17. 管理人对债务人财产查控重点如下：

（1）管理人在收到指定管理人决定书后3日内书面申请人民法院通过全国企业破产重整案件平台对接“总对总”网络执行查控系统对债务人财产信息进行查询，人民法院在收到申请之日起5日内完成网络财产查控，并将查控结果及时通知管理人；

（2）无法通过网络执行查控系统查询到财产情况的，可依据《最高人民法院关于民事执行中财产调查若干问题的规定》第十二条的规定，在债务人住所地或者可能隐匿、转移财产所在地进行必要现场调查；

（3）由债权人或其他人员提供证据线索，管理人经调查发现债务人股东、董事、高管及相关人员存在隐匿财产、会计账簿等资料且拒不交出的，可依据《最高人民法院关于适用〈中华人民共和国民事诉讼法〉的解释》第四百九十六条的规定，书面申请人民法院采取搜查措施；

(4) 经管理人书面报告，人民法院根据案件实际情况，依法准许采取公告悬赏等调查措施。

第一次债权人会议召开前，管理人应当完成债务人财产调查，并向人民法院提交债务人财产调查情况及工作报告。

18. 依据《中华人民共和国企业破产法》第十五条的规定，债务人及其有关人员有下列情形之一的，经管理人书面申请，人民法院经审查认为有必要的，可以单独或综合采取拘传、罚款、限制出境、司法拘留、限制高消费、失信惩戒等强制措施：

(1) 有义务列席债权人会议的债务人有关人员，经人民法院传唤，无正当理由拒不列席债权人会议的；

(2) 债务人及其有关人员违反企业破产法的规定，拒不提交或者提交不真实的财产状况说明、债务清册、债权清册、有关财务会计报告以及职工工资的支付情况和社会保险费用的缴纳情况的；

(3) 债务人及其有关人员违反企业破产法的规定，拒不向管理人移交财产、印章和账簿、文书等资料的，或者隐匿、伪造、销毁有关财产证据材料而使财产状况不明的；

(4) 债务人的有关人员违反《中华人民共和国企业破产法》的规定，擅自离开住所地的；

(5) 其他不履行协助、配合义务应采取强制措施的。

19. 管理人可以选择通过司法委托方式在人民法院相关名册中选定有资质的中介机构进行鉴定、审计和评估，也可以与人民法院相关名册中的中介机构或其他具备相应资质的中介机构自行协商确定。管理人自行选择的中介机构，应当优先从人民法院相关名册中挑选，并以公开挑选方式经债权人会议同意。在第一次债权人会议之前决定的，应当经人民法院许可，且费用不得高于司法委托产生的费用。

债务人财产评估，经债权人会议同意，管理人可参照《最高人民法院关于人民法院确定财产处置参考价若干问题的规定》，采取债权人会议议价、定向询价、网络询价、委托评估等方式确定财产处置参考价。无法通过以上四种方式确定参考价或者委托评估费用过高的，可以经债权人会议同意，由管理人根据市场交易价格、财产数据等估算财产处置参考价。

20. 债务人财产查控要充分利用最高人民法院开通的“总对总”网络执行查控系统和我省的“点对点”网络执行查控系统，全面、快速进行财产查控。“执转破”案件中执行财产查询结果未超出 3 个月的，破产程序中可直接沿用。

对于执行部门通过“执转破”程序移送的“僵尸企业”案件，参照《最高人民法院关于人民法院确定财产处置参考价若干问题的规定》第三十四条的规定，管理人在议价、询价、评估结果有效期内发布拍卖公告或者直接进入变卖程序，拍卖、变卖时未超过有效期6个月的，无需重新确定参考价，但法律、行政法规、司法解释另有规定的除外。

21. 管理人应参照《最高人民法院关于人民法院网络司法拍卖若干问题的规定》，积极引导债权人会议优先利用网络拍卖、综合运用拍卖、变卖、实物分配、债权分配等多种财产处置方式高效、便捷、公开、透明处置破产财产，提高破产财产变价率。

法律法规对特定财产处置方式有特别规定的，适用特别规定。

四、建立“僵尸企业”案件快速审理机制，提高审判效率

22. 具备下列情形之一的“僵尸企业”破产案件，可以适用快速审理机制：

（1）破产原因清楚、债务人财产状况较清晰、债权债务关系明确、争议不大的；

（2）债务人资产较少、债权人人数较少、不存在重大维稳隐患的；

（3）破产财产不足以支付破产费用或无破产财产可供分配的；

（4）债务人全部财产或主要财产已经在执行程序中变价的；

（5）人民法院认为其他适宜适用快速审理机制的情形。

23. 人民法院在破产申请审查阶段，一般通过书面审查决定是否适用快速审理机制，也可以在征询申请人、被申请人、主要债权人的意见后，决定是否适用快速审理机制。

人民法院裁定受理破产申请后，合议庭决定适用快速审理机制的，应将相关事项及时告知破产案件参与人。

24. 人民法院应当自裁定受理破产申请之日起 25 日内自行或委托管理人向已知债权人发出书面受理通知，并予以公告。

进行快速审理的破产清算案件，债权申报期限为30日，自人民法院发布受理破产公告之日起计算。

进行快速审理的案件，可简化公告方式，直接在“全国企业破产重整案件信息网”及各受理法院网站发布相关公告事宜，并打印相关网页留档存查。

25. 为解决无财产可供分配的“僵尸企业”破产经费问题，建议人民法院将没有财产、财产较少的案件与财产较多的案件一并指定给同一管理人，但“僵尸企业”间存在债权债务关系的除外。

对于“僵尸企业”案件较多的地区，同一批次进入破产受理、隶属于同一主管单位以及存在关联关系的企业，可采用集中裁定受理、集中选定管理人、集中选定审计机构、集中公告的“四集中”方式降低成本、提高效率。将集中受理的案件分成若干案件包，由不同合议庭分别负责审理。再通过随机方式将案件包指定给同一管理人。管理人选择司法委托时，通过随机方式将同一案件包交给同一审计机构办理。同一批次的案件可提前向地方或省级、全国有影响力的报纸媒体预定版面，统一受理后集中刊登公告。

26. 管理人在委托中介机构时应明确工作时限，中介机构自接受委托之日起30日内应完成相应工作，若工作量大可以适当延长，延长时间不超过30日。如遇客观原因确实无法在规定时间内完成工作的，管理人和中介机构应向债权人会议书面说明有关情况，并报人民法院备案。

对于债务人近三年审计报告齐全的破产案件，审计机构应当自接受委托之日起30日内完成相应工作。

27. 第一次债权人会议应在债权申报期届满之日起10日内召开。

债权人会议可以采用函件、传真、电子邮件、短信、微信、QQ及其他网络平台等便利有效的非现场形式召开，对讨论和表决事项可以采用书面或网络投票方式进行。确需集中召开现场债权人会议的，一般不超过两次。

28. 对快速审理的案件，如债权人会议同意不设立债权人委员会的或人民法院认为不需要设立债权人委员会的，一般不设债权人委员会。

29. 适用快速审理的案件，管理人应在破产案件受理后6个月内向人民法院提出终结破产程序申请，有特殊情况需延长期限的，经报主管院领导审批后可延长6个月。

五、强制清算程序与破产程序的衔接

30. 清算组在清理公司财产、编制资产负债表和财产清单时发现被申请人已经具备法律规定的破产条件的，应当依照《最高人民法院关于适用〈中华人民共和国公司法〉若干问题的规定（二）》第十七条的规定，引导债权人和清算组协商制作有关债务清偿方案。债权人对债务清偿方案不予确认或人民法院不予认可的，清算组应当在5日内提出破产申请。

31. 强制清算转破产程序的，对于强制清算程序中已申报的债权，在破产清算中视为已申报债权。原清算组的申报债权审查意见，经债权人会议核查通过后，在破产程序中予以确认。但是债权人会议对原清算组审查的债权有异议的，仍按破产程序的规定处理。对原清算组已经对债务人资产进行过审计、评估且未超过6个月的，在破产程序中可直接采用评估、审计的结果。

原清算组已经对债务人营业进行处理、支付了必要费用，对债务人资产已经进行实体处理的，管理人对前述行为进行审核，如财产处置不存在《企业破产法》第三十一、三十二、三十三条规定的欺诈性转让、个别清偿、无效等行为的，在破产程序中承认其效力。

32. 对于已受理的“僵尸企业”破产清算案件，经申报债权、财产查找、审计评估后，无人申报债权，亦未发现债务人有任何财产的，人民法院应裁定驳回破产申请。

对于前述破产程序中已经完成的债权申报、财产调查、审计、评估、鉴定等事项效力，在前述程序终结后6个月内由适格主体另行提起强制清算程序的，在强制清算程序中承认其效力。

六、强化组织保障，全力配合完成处置任务

33. 人民法院内部相关部门要积极支持“僵尸企业”司法处置工作，立案、破产审判、执行、审判管理、司法委托等部门要贯彻“僵尸企业”案件“三优先”原则，紧密配合、通力合作，确保“僵尸企业”司法处置工作公平公正、高效快捷完成。

34. 中级、基层人民法院要高度重视“僵尸企业”司法处置工作，在人员配备上适当向破产审判倾斜。案件较多、有条件的人民法院要设立清算和破产审判业务庭，未设立破产审判庭的中院必须安排固定合议庭负责破产和强制清算工作。在工作考核中要充分考虑破产案件的特殊性，在贯彻最高人民法院《关于强制清算与破产案件单独绩效考核的通知》基础上，继续完善部门考核、人员考核和案件考核机制。

35. 各级人民法院要建立“僵尸企业”案件受理和审结台账制度及季报制度，安排专人进行专项统计，省法院每季度通报一次，对工作开展不力的中院要约谈主要领导。要将“僵尸企业”司法处置工作纳入各级人民法院考核范围，狠抓工作落实。

七、依靠党委政府，建立健全长效工作机制

36. 建立“僵尸企业”处置日常工作机制。人民法院在“僵尸企业”司法处置过程中，要紧紧依靠当地党委、政府的支持，加强与党委和政府部门的沟通协作，推动建立涵盖人民法院、工商、税务、社会保障、金融监管、国资、经信等部门参加的常态化府院联动机制，为依法处理破产案件搭建常态化的沟通、协调平台。

37. 加强与各级工商、税务部门的沟通，推动落实国家工商总局《关于全面推进企业简易注销登记改革的指导意见》、国家税务总局《关于深化“放管服”改革 更大力度推进优化税务注销办理程序工作的通知》和省国资委、省工商局、省税务局联合下发的《关于省属“僵尸企业”出清重组的指导意见》（粤国资产权〔2018〕16号），为“僵尸企业”工商、税务注销设置绿色通道，管理人可以持人民法院终结强制清算程序的裁定或终结破产程序的裁定，直接向工商、税务机关申请办理注销登记，解决破产或强制清算企业工商和税务注销难的问题。

38. 积极与国资、财政主管部门密切沟通，争取党委、政府财政资金支持，推动建立“僵尸企业”破产费用专项资金，为“僵尸企业”进入破产或强制清算程序提供经费保障。

39. 对无财产可供分配的强制清算、破产案件，根据《诉讼费用交纳办法》第二十条第二款的规定，人民法院免收案件受理费。

“僵尸企业”作为原告提起破产衍生诉讼并申请缓交案件受理费的，人民法院应予以准许。

江苏省高级人民法院
关于建立疑似职业放贷人名录制度的意见（试行）

（2019年5月17日发布）

为加强民间借贷案件的审查甄别，防范职业放贷人利用诉讼程序将非法利益合法化，切实规范民间借贷行为，有效维护民间融资市场秩序，现就建立疑似职业放贷人名录制度，制定如下意见：

一、职业放贷人是指未取得金融监管部门批准，不具备发放贷款资质，但向社会不特定对象出借资金以赚取高额利息，出借行为具有营业性、经常性特点的单位，以及以放贷为其重要收入来源，经常性向不特定对象放贷并赚取高额利息的个人。

二、各基层人民法院要根据自身实际，建立疑似职业放贷人名录制度。审理民间借贷案件首先要进行关联案件查询，同一出借人及其实际控制的关联关系人作为原告一年内在全省各级人民法院起诉民间借贷案件5件以上的，该出借人应当纳入疑似职业放贷人名录。通过案件审理或者其他途径可以初步确定为职业放贷人的，不受上述案件数量的限制。

三、疑似职业放贷人名录应当包括疑似职业放贷人姓名、居民身份证号码、住所、一年内在全省各级人民法院起诉民间借贷案件的数量。疑似职业放贷人为单位的，应当列明单位名称、法定代表人或负责人姓名、住所、一年内在全省各级人民法院起诉民间借贷案件的数量。

四、疑似职业放贷人名录应实行动态管理，每年更新一次。自疑似职业放贷人名录确定之日起一年内，该名录中人员及其实际控制的关联关系人起诉民间借贷案件数量少于上述规定数量二分之一的，可以将其从疑似职业放贷人名录中撤出。

五、对于疑似职业放贷人或其实际控制的关联关系人起诉的民间借贷案件，人民法院应当加强审查。重点审查：

1. 原告是否确系职业放贷人或其实际控制的关联关系人；

2. 案涉债权债务的真实性与合法性；

3. 是否涉嫌“套路贷”、虚假诉讼等违法犯罪。

六、经审查，原告确系职业放贷人或其实际控制的关联关系人且放贷行为属于《中华人民共和国银行业监督管理法》第十九条规定的“不得设立银行业金融机构或者从事银行业金融机构的业务活动”情形的，相应的借贷合同认定无效，借款人应返还借款本金，并按照中国人民银行同期同类贷款基准利率给付资金占用使用费用。

七、经审查，放贷人的放贷行为涉嫌“套路贷”刑事犯罪的，应当按照《最高人民法院关于在审理经济纠纷案件中涉及经济犯罪嫌疑若干问题的规定》《最高人民法院关于审理民间借贷案件适用法律若干问题的规定》，裁定驳回起诉，并及时将涉嫌犯罪的线索、材料移送公安机关。

八、经审查，属于虚假诉讼的，按照《最高人民法院关于审理民间借贷案件适用法律若干问题的规定》第二十条处理。

九、对于疑似职业放贷人或其实际控制的关联关系人向人民法院申请执行民间借贷仲裁裁决、公证债权文书的，人民法院应加强审查，对被执行人慎用强制执行措施。经审查，仲裁裁决、公证债权文书属于《中华人民共和国民事诉讼法》第二百三十七条第二款、第二百三十八条第二款规定情形的，裁定不予执行。

十、各基层人民法院确定疑似职业放贷人名录后，应经中级人民法院汇总后报至省高级人民法院，同时抄送当地检察机关、公安机关和金融监管部门。疑似职业放贷人名录中有公职人员的，应当抄送当地纪检监察部门和当事人所在单位。

十一、疑似职业放贷人名录仅供人民法院及相关协作单位内部掌握，不对外公示。

十二、本意见自印发之日起施行。

[指导案例与解读]

指导案例95号《中国工商银行股份有限公司宣城龙首支行诉宣城柏冠贸易有限公司、江苏凯盛置业有限公司等金融借款合同纠纷案》[①]的理解与参照

——当事人协商一致将最高额抵押权登记设立前债权转入该担保的债权范围应否办理抵押权变更登记手续的认定

最高人民法院案例指导工作办公室

2018年6月20日，最高人民法院发布了第18批指导性案例，包括第93号至第96号共4件指导性案例，总结了审判实践中某些普遍的疑难复杂法律适用问题，有利于进一步明确裁判规则，统一司法尺度。其中，第95号指导案例为《中国工商银行股份有限公司宣城龙首支行诉宣城柏冠贸易有限公司、江苏凯盛置业有限公司等金融借款合同纠纷案》。为了正确理解和准确参照适用该指导案例，现对该指导案例的选编过程、裁判要点、参照适用等有关情况予以解释和说明。

一、选编过程及指导意义

该案例由安徽高院民三庭庭务会讨论决定后，按《安徽省高级人民法院

① 载《商事法律文件解读》2018年第7辑（总第163辑）。

关于加强参考性案例工作的意见》的要求向安徽高院研究室推荐，研究室认为该案例有效解决了最高额抵押权在实际操作中的有关盲点问题，并认为该案例具有普遍性和代表性，有一定的参考价值，可以提请高院审委会予以讨论。安徽高院审委会讨论通过，决定作为安徽法院参考性案例发布，同时作为备选指导性案例向最高人民法院推荐。最高人民法院案例指导工作办公室对该案例经过初审，认为符合指导性案例的要求，并提交研究室室务会讨论。2017 年 10 月 12 日，研究室室务会讨论同意推荐该案例，并要求向最高人民法院民一庭、民二庭征求意见。民一庭、民二庭均同意推荐该案例作为指导性案例，并提出修改意见。2018 年 6 月 12 日，最高人民法院民专会第 288 次会议讨论通过该案例。6 月 20 日，最高人民法院以法〔2018〕164 号文件将该案例列在第 18 批指导性案例予以发布。

当事人另行达成协议将最高额抵押权设立前已经存在的债权转入该最高额抵押担保的债权范围，是否需要对最高额抵押权办理相应的变更登记手续，物权法及相关法律法规均没有明确规定。该指导案例明确，只要转入的债权数额仍在该最高额抵押担保的最高债权额限度内，即使未对该最高额抵押权办理变更登记手续，该最高额抵押权的效力仍然及于被转入的债权，但不得对第三人产生不利影响。该指导案例确认的裁判规则，准确把握了最高额抵押权制度的立法精神、设立目的和作用，对于依法审理类似金融借款合同纠纷案件具有重要的指导意义。

二、关于本案例的相关情况

本案中，工行宣城龙首支行与凯盛公司于 2012 年 10 月 24 日签订《最高额抵押合同》，约定凯盛公司自愿以其名下的房产作为抵押物，自 2012 年 10 月 19 日至 2015 年 10 月 19 日期间，在 4000 万元的最高余额内，为柏冠公司在工行宣城龙首支行所借贷款本息提供最高额抵押担保，并办理了抵押登记，工行宣城龙首支行取得涉案房产的他项权证。2012 年 11 月 3 日，凯盛公司与工行宣城龙首支行签订《补充协议》，约定前述最高额抵押合同中述及抵押担保的主债权及于 2012 年 4 月 20 日工行宣城龙首支行与柏冠公司所签《小企业借款合同》项下的债权，凯盛公司就该《补充协议》事项形成股东会决议，并向工行宣城龙首支行出具房产抵押担保承诺函。本案争议焦点在于：案涉最高额抵押权担保的债权范围是否及于 2012 年 4 月 20 日《小企业借款合同》项下债权。对此，凯盛公司认为，其和工行宣城龙首支行未对2012年4月20日《小企业借款合同》项下借款以凯盛公司房产办理抵押权设立登记，也未对案涉最高额抵押权办理任何与该笔借款有关的抵押权变更登记手续，故该笔借款的抵押权根本没有设立。而工行宣城龙首支行认为，案涉最高额抵押权已登记设立，当事人约定将设立之前已经存在的债权转入该最高额抵押权担保的债权范围，无须办理抵押变更登记手续。

本案焦点涉及的法律问题是：最高额抵押权设立前已经存在的债权，能否转入最高额抵押担保的债权范围？若能转入，则如何转入最高额抵押担保的债权范围？就该法律问题，目前，最高额抵押权相关理论鲜有涉及，国外相关立法对此也未做规定。但是，《中华人民共和国物权法》（以下简称物权法）第二百零三条第二款对此问题作了回应，该款明确规定："最高额抵押权设立前已经存在的债权，经当事人同意，可以转入最高额抵押担保的债权范围。"下面，围绕最高额抵押权理论来分析下物权法第二百零三条第二款规定的法理基础和立法价值。

（一）最高额抵押权的概念与功能

最高额抵押权，又称最高额抵押，指在预定的最高限额内，为担保将来一定期间内连续性交易所生债权的清偿而设定的抵押。① 最高额抵押属于特殊抵押形式，对连续发生的债权和特定交易关系中债权具有强大的保障功能，最高额抵押受到各国的普遍重视。在立法例上，许多国家民法典都规定了最高额抵押权。《德国民法典》第1190条规定："抵押权可以以这样的方式予以设定，即仅土地所应负责任的最高额加以规定，除此以外，债权的确定予以保留。该最高额必须登记于土地登记簿。"②《日本民法典》第398条之二第1项规定："抵押权，可以依设定行为的约定，在最高额限度内担保一定范围内的不特定债权而设定。"③《中华人民共和国担保法》及物权法均明文规定了最高额抵押权，其中物权法第二百零三条第一款规定：为担保债务的履行，债务人或者第三人对一定期间内将要连续发生的债权提供担保财产的，债务人不履行到期债务或者发生当事人约定的实现抵押权的情形，抵押权人有权在最高债权额限度

① 陈华彬：《物权法》（第4版），中国法制出版社2006年版，第530～531页。

② 陈卫佐译注：《德国民法典》（第4版），法律出版社2015年版，第407页。

③ 刘士国、牟宪魁、杨瑞贺译：《日本民法典》（第4版），中国法制出版社2018年版，第79页。

内就该担保财产优先受偿。最高额抵押权之所以受到各国的普遍重视，是因为最高额抵押权具有普通抵押权所不具有的功能，其创设的目的在于配合继续性交易形态的需要，促进社会经济的繁荣，从而具有生命力。物权法规定最高额抵押权的目的也是为了简化手续，方便当事人，促进资金融通，更好地发挥抵押担保的功能。

（二）最高额抵押权的显著法律特征

最高额抵押权是一种特殊的抵押权，依据前述最高额抵押权的概念及立法体例，相对于一般抵押权而言，有两个显著的法律特征。一是最高额抵押担保的债权系将来一定期间内不特定的债权。最高额抵押担保的不是已经发生的特定债权，而是基于当事人之间的连续性交易关系而于将来一定期间内可能发生的不特定债权。一般抵押权的设定，以先存在的债权为前提。而最高额抵押权的设定则不以先存在确定的债权为必要，质言之，最高额抵押，不仅在于其担保债权的发生属于将来一定期间，而且在于其担保债权的数额在设定最高额抵押权时并不确定。二是最高额抵押担保的债权必须明确一个最高限额。最高限额，指抵押权人基于最高额抵押权所能优先受偿债权的最高数额，这是最高额抵押权区别于一般抵押权的最重要特征，也是最高额抵押权设立的必要条件。依各国法及其实务，当事人设定最高额抵押而无最高限额的约定与登记时，将不生最高额抵押权设定的效力。因为最高额抵押担保的债权，系基于当事人之间的连续性交易关系而于将来一定期间内可能发生的不特定债权，故必须约定一个最高限额作为其担保范围。这里需要注意的是：此最高限额，并非指最高额抵押担保的实际债权额，实际债权额的多寡需待最高额抵押权确定后才能确定，在未确定前，担保的债权额可以增加变动。

综上，最高额抵押担保的债权并非某一笔或多笔的具体债权，而是在最高债权额限度内且在一定期间内将要连续发生的不特定的债权。最高额抵押权在没有确定之前，所担保的债权总额是不确定的，是随时发生变化的。因此，最高抵押权在债权确定前并不随某一具体债权的转让而转让，也不因某一具体债权的消灭而消灭。①

---

① 按照担保法理论，抵押权属从权利，随主债权生而生，随主债权灭而灭，不能与主债权分离单独转让。但最高额抵押权基于其担保的是一定期间内将要连续发生的不特定债权，则最高额抵押权的从属性与一般抵押权的从属性有所不同，一般抵押权随主债权的转移而转移，而最高抵押权在债权确定前并不随某一具体债权的转让而转让，也不因某一具体债权的消灭而消灭。

（三）最高额抵押担保的债权范围

最高额抵押担保的债权在抵押权设立时并没有确定具体的数额，只是明确了最高债权额限度和债权确定的期间。在最高额抵押权没有确定时，债权额得随时增减变动，即使债权一度为零，也不因此影响最高额抵押权的效力。当最高额抵押权确定时，实际债权额始得确定，此时的实际债权额如超过最高债权额限度，则以最高债权额限度为准，超过部分不在抵押担保范围内，如不及最高债权额限度，则以实际债权额为准。可见，最高额抵押担保的债权仅仅以现在及将来债权为限，而不能回溯至过去的债权。但是，物权法第二百零三条第二款规定："最高额抵押权设立前已经存在的债权，经当事人同意，可以转入最高额抵押担保的债权范围。"该款规定实际上是对最高额抵押权"针对将来一定期间内不特定债权担保"法律特征的突破，拓展了最高额抵押权担保的债权范围，学理上可称之为最高额抵押权的回溯性，经查阅国外相关立法对此没有规定，相关理论也很少提及。所以，物权法第二百零三条第二款规定有其特定的制度价值和实际效用。

首先，体现了对当事人意思自治的尊重。当事人意思自治原则是商法基本原则，在市场经济条件下，当事人有权自主决定是否交易及如何交易。将最高额抵押权设立前已经存在的债权转入最高额抵押担保的债权范围，只要抵押人和抵押权人就此形成合意，就应对当事人意思自治给予尊重。

其次，不会动摇最高额抵押权的制度基础。如前所述，最高额抵押担保的债权是在最高债权额限度内且在一定期间内将要连续发生的不特定的债权。而物权法第二百零三条第二款规定实际上对最高额抵押权"针对将来一定期间内不特定债权担保"法律特征的突破，转入的债权不仅在最高额抵押权设立前业已存在，而且数额确定。尽管如此，该款规定也不会动摇最高额抵押权的制度基础。理由是：该转入的债权系当事人协商一致纳入最高额抵押担保的债权范围之内，与最高额抵押权存续期间可能发生的任一笔债权一样，也仅仅是作为最高额抵押担保范围内所有债权的一部分存在，在最高额抵押权确定之前，也可以因债务人清偿等原因消灭，但最高额抵押权不会随之消灭，不受其影响，这也与最高额抵押权的法理相符。况且，该转入的债权仍要受制于最高额抵押担保的最高债权额限度，也不会对第三人产生不利影响。因此，该被当事人合意转入的债权既不是对业已设立最高额抵押权的变更，也不是要对该转入债权另行设立最高额抵押权。

最后，对最高额抵押权危险的缓解。如前所述，最高额抵押权系配合继续性交易形态的需要，有其制度优势，但也应看到其缺陷与不足，学说称为最高额抵押权的危险，亦即债权人为了担保自己债权的实现，常常超过交易上的必要范围，设定巨额的最高额抵押权，独占抵押权的交换价值，使得抵押人无剩余价值可资利用，从而妨害抵押物担保价值的发挥。① 物权法第二百零三条第二款的规定有利于最大限度发挥抵押物的交换价值，也维护了抵押权人的合法利益。

综上，物权法第二百零三条第二款的但书规定，不仅进一步完善了最高额抵押权的制度体系，而且在实践中发挥更大的效用。然而，该款规定较为原则，在审判实践中，如何理解与适用？尤其对于抵押物为房产、土地使用权等须经登记才设立最高额抵押权的又如何认定？对此，我国物权法及相关法律法规也没有明确规定。本案例围绕最高额抵押权制度的立法精神、设立目的和作用，给出了明确的答案，为涉及此种情形案件的处理厘清了裁判思路，明确了物权法第二百零三条第二款的适用规则，也有利于保护债权人的合法权益，取得了良好的社会效果。

三、裁判要点的理解与说明

该指导案例的裁判要点确认：当事人另行达成协议将最高额抵押权设立前已经存在的债权转入该最高额抵押担保的债权范围，只要转入的债权数额仍在该最高额抵押担保的最高债权额限度内，即使未对该最高额抵押权办理变更登记手续，该最高额抵押权的效力仍然及于被转入的债权，但不得对第三人产生不利影响。现围绕与该裁判要点相关的问题逐一解释和说明如下：

（一）须有合法设立的最高额抵押权

物权法第二百零三条第二款规定：“最高额抵押权设立前已经存在的债权，经当事人同意，可以转入最高额抵押担保的债权范围。”可以看出，该款规定适用的前提是须有依法设立的最高额抵押权。最高额抵押权依法设立注意把握三点。首先，最高额抵押权须为继续性法律关系的不特定债权而设立。一般抵押权得由当事人对任何债权设立，但最高额抵押权设定担保的债权，依各国法律规定，应以继续性法律关系为限。继续性法律关系是债权连续发生、变

① 陈华彬：《物权法》（第4版），中国法制出版社2006年版，第533页。

动的社会基础，也是最高额抵押权存在的基本依据。其次，当事人须订立最高额抵押权合同。最高额抵押合同与一般抵押合同的内容基本相同，不同之处在于，最高额抵押合同应订明以下两项内容：最高限额和债权确定的期间。这两项内容是最高额抵押权之所以是一种特殊抵押权的显著特征所在，旨在用于确定最高额抵押担保的债权范围。其中，最高限额是最高额抵押担保债权的最高债权额限度，是最高额抵押合同必须明确的内容，是最高额抵押权设立的必要条件。债权确定的期间是确定最高额抵押担保债权实际数额的时间，最高额抵押担保的债权为将来的不特定债权，在抵押权存续期间得自由增减变更。最后，设立最高额抵押权须依抵押财产的性质进行登记。物权法对于最高额抵押权的登记问题没有专门规定，根据物权法第二百零七条规定，应当适用一般抵押权登记的规定，即根据抵押财产的不同而分别采取登记要件主义和登记对抗主义。物权法第一百八十七条规定："以本法第一百八十条第一款第一项至第三项规定的财产或者第五项规定的正在建造的建筑物抵押的，应当办理抵押登记。抵押权自登记时设立。"第一百八十八条规定："以本法第一百八十条第一款第四项、第六项规定的财产或者第五项规定的正在建造的船舶、航空器抵押的，抵押权自抵押合同生效时设立；未经登记，不得对抗善意第三人。"由此可见，最高额抵押权的设定登记，依其抵押财产的性质，分别采取登记要件主义和登记对抗主义。

本案例中，凯盛公司与工行宣城龙首支行于2012年10月24日签订《最高额抵押合同》，约定凯盛公司自愿以其名下的房产作为抵押物，自2012年10月19日至2015年10月19日期间，在4000万元的最高余额内，为柏冠公司在工行宣城龙首支行所借贷款本息提供最高额抵押担保。该最高额抵押合同明确约定了最高限额、债权确定的期间等条款，系双方当事人真实意思表示，应为合法有效。又因为抵押物为房产，双方于签订抵押合同当日办理了抵押登记，工行宣城龙首支行就涉案房产享有最高额抵押权。

（二）需经当事人同意

根据物权法第二百零三条第二款规定，将最高额抵押权设立前已经存在的债权转入最高额抵押担保的债权范围的，须经当事人同意。这里要求三点。第一，此处同意的事项，是指将最高额抵押权设立前已经存在的债权，转入最高额抵押权担保的债权范围。该已经存在的债权应为真实合法的债权。第二，此处同意的当事人，是指经过债权人（抵押权人）和抵押人就上述事项的意思表示一致，形成合意。实践中，当事人一般采取另行达成补充协议的形式对该事项进行明确，对补充协议效力的认定要依据合同法等进行认定，不再赘述。第三，已经存在债权的债权人和债务人与最高额抵押中的债权人和债务人必须同一，这样才能符合当事人设立最高额抵押的目的，如果二者并非同一，将最高额抵押权设立前的债权转入最高额抵押担保的债权范围，极易发生各种纠纷。①

本案例中，工行宣城龙首支行就凯盛公司提供的房产享有最高额抵押权，该最高额抵押权担保的期间为2012年10月19日至2015年10月19日，担保最高债权额限度为4000万元。2012年11月3日，凯盛公司与工行宣城龙首支行签订《补充协议》，明确约定将2012年4月20日工行宣城龙首支行与柏冠公司所签《小企业借款合同》项下的债权转入前述最高额抵押权所担保的最高额为4000万元的主债权范围内，凯盛公司就该《补充协议》事项形成股东会决议，并向工行宣城龙首支行出具房产抵押担保承诺函。该《补充协议》系双方当事人真实意思表示，符合物权法第二百零三条第二款的规定，也不违反法律、行政法规的强制性规定，依法成立并有效，且作为原最高额抵押合同的组成部分，与原最高额抵押合同具有同等法律效力。

（三）无须办理抵押权变更登记手续

如前所述，对于抵押物为房产、土地使用权等设立最高额抵押权，采取的是登记要件主义，应当办理抵押登记，最高额抵押权自登记时设立。那么，此种情形下，经当事人同意将最高额抵押权设立前已经存在的债权转入到最高额抵押担保债权范围的，是否需要对该最高额抵押权办理变更登记手续，才能使最高额抵押权的效力及于该协议转入的债权？对此，我国物权法及相关法律法规均没有明确规定，但要考虑三点。第一，此种情形并非另行设立最高额抵押权。当事人协商一致将最高额抵押权登记设立前债权转入该担保的债权范围，不是对协议转入债权另行设立抵押权，只是将最高额抵押权登记设立之前业已存在债权转入最高额抵押权担保的债权范围而已，这与最高额抵押权存续期间可能发生的任意一笔债权一样，也仅是作为最高额抵押担保范围内所有债权的一部分存在，在最高额抵押权确定之前，也可以因债务人清偿等原因消灭，但最高额抵押权不会随之消灭，不受其影响，这也与最高额抵押权的法理相符。

① 王利明：《物权法论》（修订二版），中国政法大学出版社2008年版，第387页。

第二，此种情形也非最高额抵押权法定设立或变更登记的必要事项。物权法第二百零五条规定，最高额抵押担保的债权确定前，抵押权人与抵押人可以通过协议变更债权确定的期间、债权范围以及最高债权额，但变更的内容不得对其他抵押权人产生不利影响。《房屋登记办法》第五十三条规定，对符合规定条件的最高额抵押权设立登记，除该办法第四十四条所列事项外，登记机构还应当将最高债权额、债权确定的期间记载于房屋登记簿，并明确记载其为最高额抵押权。第三，实际操作困难。由于最高额抵押权设立时的他项权利书和房屋登记簿的必要记载事项，不包括物权法第二百零三条第二款规定的情形，再行要求最高额抵押权变更登记缺乏操作细则。综上，最高额抵押权无论是设立登记还是变更登记，所关注的是最高债权额和债权确定的期间。当事人将最高额抵押权设立前已存在债权转入最高额抵押担保的债权范围，既非最高额抵押权设立时登记记载事项，也非最高额抵押权变更登记的记载事项。根据“法无禁止即可为”的商事交易规则，在法律规定不明确时，就不应强加给市场交易主体准用严格交易规则的义务。因此，当事人协商一致将最高额抵押权登记设立前债权转入该担保的债权范围的，无须办理抵押权变更登记手续，最高额抵押权的效力仍然及于该协议转入的债权。

本案例中，工行宣城龙首支行和凯盛公司达成《补充协议》，将涉案2012年4月20日借款合同项下的债权转入前述最高额抵押权所担保的主债权范围内，虽未办理最高额抵押权变更登记，但最高额抵押权的效力仍然及于被转入的涉案借款合同项下的债权。

（四）不得对第三人产生不利影响

当事人对最高额抵押权设立前已经存在的债权，虽经当事人同意转入最高额抵押担保的债权范围，但必须在最高额抵押担保的最高债权额限度内。如前所述，协议转入的债权系将最高额抵押权设立之前业已存在的债权转入最高额抵押权担保的债权范围，与最高额抵押权存续期间可能发生的任意一笔债权一样，在最高额抵押权确定之前，可以增减、消灭，但仍然受制于最高额抵押担保的最高债权额度。应当注意的是，对于采取登记方式设立的最高额抵押权，最高债权额、债权确定的期间系不动产登记簿的必要记载事项，对第三人也产生公示的效力，只要转入的债权数额不超过最高额抵押担保的最高债权额度，就不会对第三人产生不利影响。

本案例中，工行宣城龙首支行和凯盛公司已登记设立的最高额抵押权担保的最高债权额限度为4000万元，而涉案2012年4月20日借款合同项下的债权数额仅为300万元，故该转入的债权在4000万元的最高债权额限度内，也不会对其他抵押权人产生不利影响。

四、参照适用时应注意的问题

1. 从实务上看，本案例虽系银行在办理最高额抵押担保贷款中引发的案件，但在实践中类似的情况比较普遍，物权法第二百零三条第二款的适用规则有很强的现实指导意义。鉴于物权法第二百零三条第二款规定系该条但书条款，且规定过于原则，在适用该条款时应当严格把握前述四个要件，尤其注意不得超过最高额抵押权担保的最高限额以及对第三人不得产生不利影响。

2. 从学理上讲，物权法第二百零三条第二款规定实质上是对最高额抵押权“针对将来一定期间内不特定债权担保”特征的突破，拓展了最高额抵押权担保的债权范围，学理上可称之为最高额抵押权的回溯性，经查阅国外相关立法对此没有规定，相关理论也很少提及，需要结合审判实践对该款规定的理论体系进行建构和丰富，进一步完善最高额抵押权的制度体系。

（执笔人：安徽省高级人民法院民三庭　马士鹏
最高人民法院案例指导工作办公室　石　磊）

指导案例96号《宋文军诉西安市大华餐饮有限公司股东资格确认纠纷案》[①] 的理解与参照

——有限责任公司初始章程约定股权回购应认定有效

最高人民法院案例指导工作办公室

2018年6月20日，最高人民法院发布了第18批指导性案例，包括第93号至第96号共4件指导性案例，总结了审判实践中某些普遍的疑难复杂法律适用问题，有利于进一步明确裁判规则，统一司法尺度。其中，第96号指导案例为《宋文军诉西安市大华餐饮有限公司股东资格确认纠纷案》。为了正确理解和准确参照适用该指导案例，现对该指导案例的选编过程、裁判要点、参照适用等有关情况予以解释和说明。

一、选编过程及指导意义

该案例由陕西省高级人民法院民二庭报送，经陕西省高级人民法院研究室初审并修改整理，报陕西省高级人民法院审判委员会讨论通过，同意作为备选指导性案例向最高人民法院推荐。2017年6月28日，最高人民法院案例指导工作办公室收到该案例，经初审，认为基本符合指导性案例的要求，建议提交室务会讨论。10月12日，室务会经讨论同意推荐该案例，并要求送最高人民法院民二庭征求意见。12月8日，民二庭回复同意。承办人对该案例进行修

① 载《商事法律文件解读》2018年第7辑（总第163辑）。

改后，建议报最高人民法院审判委员会讨论。2018 年 6 月 12 日，最高人民法院民专会第 288 次会议讨论通过该案例。6 月 20 日，最高人民法院以法〔2018〕164 号文件将该案例列在第 18 批指导性案例予以发布。

该案例旨在涉及国有企业改制为有限责任公司时初始章程约定"人走股留、公司回购"条款的效力问题，有限责任公司章程约定对股东股权转让进行限制，以及公司回购股权条款在企业改制中较为常见，但对于此类条款的效力，我国现行法律及司法解释中并无明确规定。该指导案例确认的裁判规则符合法律规定和公司治理的基本原则精神，具有一定普遍性，对于类案审理具有一定指导价值。

二、关于本案例的相关情况

在公司法发展的早期，有限责任公司股权回购曾被严格限制甚至禁止，但随着公司治理的不断完善，公司股权回购在各国也渐趋于允许和开放。我国《公司法》在 2005 年修订前，对于股权回购基本持禁止态度，2005 年《公司法》修订后，借鉴国外立法例，认可了异议股东股权回购请求权，但仅规定了四种情形下异议股东的回购请求权问题，对于实践中股权回购的复杂样态尤其是公司与股东合意确定的股权回购能否支持，未予明确，在公司法律制度上留下了空缺。但实践中此类纠纷却层出不穷，基于法院不得拒绝裁判的原则，法院仍需基于法律体系与法律原则的系统解释对此类问题作出裁判，从而形成了实践中关于合意股权回购的裁判思路难题。

本案相关纠纷的形成具有我国独特的社会背景，反映了我国在国有企业改制过程中协调企业职工等各方利益的特殊政策要求，依托于有限责任公司的闭锁性特征，在改制后的初始章程中明确约定了"人走股留、公司回购"的职工持股维持模式。但蕴含于这一约定中的法律关系却牵涉广泛而复杂，其公司回购股权的约定触碰了我国公司股权回购的法律许可性问题，而在公司章程中对此作出约定又关乎我国公司章程的约定范围问题，尤其是作为公司这一法人的章程对于股东的股权行使能否约束和限制及其限度问题。

首先，就股权回购问题而言，股权是否属于私权或者民法意义上的财产权，能否由权利人自由处分，股权回购的协议能否单纯适用合同法相关原理进行评判，易启疑窦。从《民法总则》第一百二十五条的规定来看，股权应属于民事权利之一种，其主张行使及其得丧变更应遵循民法意思自治之原理，由权利人依法处分。股权回购之协议，也属于合同之一种类型，也无不予适用合同原理的理由。但是，由于股权既具有财产权又具有成员权、既具有自益权又具有共益权等属性，尤其是公司法对于股东抽逃出资的明令禁止使得公司回购股权能否允许又需接受公司法之评判。但公司法对于这一制度的“沉默”，使得在公司法的意义上如何评判合意股权回购困难重重。其中，公司根据与股东的合意回购股权后，该股权能否参与股利分配、是否需要在一定时限内转让或者注销、支付回购股权的资金来源等均因缺乏依据而难以确定。其次，鉴于在公司法上能否允许股东与公司合意回购股权尚存疑义，公司章程对此作出约定是否违反公司法禁止抽逃出资的强制性规定，是否属于章程自治范围，存在争议。

本案裁判区分了合意股权回购与法定股权回购，认为合意股权回购不必限制于公司法规定的四种法定股权回购情形之内，而以当事人意思自治为基础，认为公司章程对于股权回购进行约定属于公司自治范畴，股权回购约定对于股权转让进行限制但并非禁止，股东对于股权回购章程约定签字同意，具有效力。同时，本案裁判区分合意股权回购与抽逃出资的行为，认为合意股权回购是公司与股东的意思表示一致的行为，抽逃出资是股东行为而非公司行为，因此两者有其界限。该裁判在《公司法》第七十四条规定的异议股东回购请求权外，承认了股东与公司之间合意回购股权可由章程予以约定而不必适用《公司法》第七十四条进行限制的规则，对于有限责任公司股权回购制度进行了重要的司法补充，且该裁判区分了合意股权回购与抽逃出资行为，在坚持禁止抽逃出资规则的同时尊重了公司与股东通过意思自治回购股权的行为，维护了诚实信用原则，对于公司法妥善协调资本维持原则与公司治理灵活性的关系具有重要意义。

该案确立为指导性案例，有利于廓清司法实践中关于此类问题的认识，统一裁判尺度，便于在公司法尚未作出合意股权回购规定的背景下，平衡公司治理需要与股东权利保护，其裁判要点阐明的“通过转让给其他股东等方式进行了合理处置”这一要求，也在立法空缺的情形下提供了对合意股权回购进行合理限制的标准，对于我国相关问题的司法发展和立法完善均具启示意义。

三、裁判要点的理解与说明

该指导案例的裁判要点确认：国有企业改制为有限责任公司，其初始章程对股权转让进行限制，明确约定公司回购条款，只要不违反公司法等法律强制性规定，可认定为有效。有限责任公司按照初始章程约定，支付合理对价回购股东股权，且通过转让给其他股东等方式进行合理处置的，人民法院应予支持。现围绕与该裁判要点相关的问题逐一解释和说明如下：

（一）准予股权合意回购的反对观点

关于股权合意回购之允否，存在较大的学说争议。主要包括以下方面：（1）公司因回购股权而持有自身股份，存在逻辑矛盾；（2）公司回购股权支付自身资金，可能造成变相返还股东投资，有违公司资本不得抽回原则，事实上减少公司资本，有损债权人利益；（3）诱发不公平交易的担忧。其一，公司可以借助于股份回购操作自己公司股份价格或者进行内部交易；其二，对不同股东进行区别对待，例如，在进行回购时，仅针对部分股东而排除其他股东或者对不同的股东实行不同的条件和价格；其三，公司董事回购股份并借此操纵公司，巩固自己的地位。[①] 由于公司设定的基础即是其独立财产，而其前提则为公司财产与股东个人财产的分离，从这个意义而言，股东投入公司的财产即为公司的财产，股东不能再度回收享有，为此我国《公司法》第三十五条明确规定："公司成立后，股东不得抽逃出资。"而股权回购则可能使公司支付购买股权的资金，其价值可能等于甚至大于股东投入公司的资金，实际上形成股东抽回出资的效果。因此，如无特殊的理由，公司回购股权确实可能有悖于公司有限责任的基本制度设定。且正如上述反对观点所述，公司实际控制人或其经理人可以凭借影响力和优势迫使部分股东退股，从而实现独占公司盈利或对于公司强化控制的目的。实践中来看，对于公司回购自身股权也不无疑义。在公司法发展的早期，多数国家均禁止公司回购自身股权，即使是在当代公司法的规定中，也存在不同的立法例。以自由主义为特征的英美法系国家多

---

① 参见李建伟：《公司法学》，中国人民大学出版社2014年版，第247～248页；类似理由可参见施天涛：《公司法论》，法律出版社2014年版，第284页；最高人民法院数位法官的公司法著作也持反对见解，如王东敏：《公司法审判实务与疑难问题案例解析》，人民法院出版社2017年版，第189页以下。转引自朱海蛟：《96号指导性案例展开：关于股权回购问题的初步思考》，载微信公众号"审判研究"。

对此持准许态度，但大陆法系的德国与法国均在不同程度上对此严格限制。例如，德国《股份法》第71条第1款规定，原则上禁止企业获得其股份，而仅规定了八类例外情形。① 对于有限责任公司，法国《商法典》第223－34条第5款规定，禁止公司购买自己的股份。② 但也设定了一定的例外情形。③ 我国实务中长期以来也存在不同看法。在2005年《公司法》修订前，我国部分规章等对于股权回购进行了明令禁止。例如，1992年国家体改委颁布的《股份有限责任公司规范意见》第四十二条明文规定："在公司办理工商登记手续后，股东不得退股。"1996年建设部《关于房地产企业建立现代企业制度试点指导意见》也规定："出资者不能抽资，企业不能退股。"1997年中国证券监督管理委员会颁布的《上市公司章程指引》第三十八条规定："除法律、法规规定的情形外，不得退股。"《公司法》于2005年修订后，增订了第七十四条规定异议股东回购请求权，但仅限于四类情形，且该法第三十五条的上述规定也在实践中使得部分情形下易将公司回购自身股权与抽逃出资相混同，对于公司合意回购股权的合法性产生质疑。在此背景下，亟待厘定公司合意回购股权的合法性问题。

（二）现行法背景下认定股权合意回购合法性的基本理由

1. 允许股权合意回购是股东行使股权处分权的法律效果体现。股权合意回购建立在股东与公司双方合意的基础之上，股东在章程约定上签字或者提出退股申请是其处分自身股权的行为，由其处分股权的行为引起股权变更或消灭之效果属于其处分行为的应然法律效果。股东享有处分自身股权的自由，恰恰是股权的权利属性的体现，也是民法意思自治的反映，不能因为股东事后反悔而否定其此前处分股权的效力，否则，即有违诚实信用原则。当然，公司不能单方面强制性收回股权，而应当事前或者事中取得股东退出或出售股权之同意，方能产生合意之效果。否则，股东未表示退出或出售股权之意愿，仅公司一方作出决议，则非属股权合意回购，不能适用本指导性案例之裁判规则。

2. 允许股权合意回购符合合同法的契约原理。股权合意回购，首先是在

① ［德］托马斯·莱塞尔、［德］吕迪格·法伊尔：《德国资合公司法》（第3版），高旭军等译，法律出版社2005年版，第309～312页。

② 罗结珍译：《法国商法典》（上册），北京大学出版社2015年版，第225页。

③ 罗结珍译：《法国商法典》（上册），北京大学出版社2015年版，第218页。

股东方面已然作出退出或出售股权之意思表示，而公司则对此予以认可。但就公司如何认可的问题，从比较法上来，有的国家例如英国等规定由股东会议特别决议或普通决议通过或预先授权通过[①]，有的国家则规定董事会也可在股东会议预先授权的范围内或依法表示认可[②]。我国《公司法》由于对股权合意回购尚未作出明确规定，因此应从公司法规定的公司意思表示方式来认定。股东会是公司的意思表示机构，当然具有对股东退股申请或股权出售表示认可的能力，至于其应由股东一致表示同意还是以特别多数决议抑或仅为普通多数决议认可，则在公司法尚无特别规定的情况下，应首先尊重章程之约定。在章程明确规定由股东一致同意或者以2/3或3/4多数作出决议的，应尊重公司章程的内部规范效力，依此确定其是否同意股权回购。值得注意的是，在英国等国家均规定请求退出股权的股东本身不应参与此类表决，否则该股东的表决不能计入比例，不产生效力。[③] 我国也应从诚实信用以及避免自我交易的民法原理角度，对其自身参与自身交易之表决的效力持否定态度，不予计入表决。至于对公司通过过半数股权份额表决通过的，只要符合章程约定，也应从公司意思自治的角度，认可其效力。倘若章程对此未作出约定，也可参照我国《公司法》第七十一条股权向外部转让之规定，由股东过半数决议表示同意。就董事会而言，由于我国关于股权转让或股权注销，并未规定由董事会经授权作出决议，因此就有限责任公司而言，不能认为我国董事会能够通过授权取得同意股权回购的权利，而应由股东会决议作出。以股东会决议形式作出，也可以避免董事通过操纵股权回购取得优势地位的风险，保证公司治理顺利进行。综上，股东提出退股或出售股权的申请后，公司以股东会决议表示同意，只要是双方的真实意思表示，完全符合合同法合同成立生效的有关规定，在未违反相关强制性规定的前提下，自然产生合同的约束力。

3. 我国《公司法》及相关法理并不禁止有限责任公司回购自身股权。我国《公司法》第七十四条虽然仅规定了异议股东回购请求权，而没有对其他情形下的股权回购作出规定，但也未对此明确禁止。《公司法》第一百四十二条对于股份有限公司明确规定："公司不得收购本公司股份。"但规定在四类

① ［英］丹尼斯·吉南：《公司法》，朱羿锟等译，法律出版社2004年版，第131页。
② 崔延花译：《日本公司法典》，中国政法大学出版社2006年版，第69页。
③ ［英］丹尼斯·吉南：《公司法》，朱羿锟等译，法律出版社2004年版，第129~133页。

情形下例外。相对照而言，对于有限责任公司则未作此规定。就此而论，依其反面解释，则《公司法》对于有限责任公司回购本公司股份并不禁止。《最高人民法院关于适用〈中华人民共和国公司法〉若干问题的规定（二）》第五条针对公司解散情形下股权回购问题明确规定："当事人协商同意由公司或者股东收购股份，或者以减资等方式使公司存续，且不违反法律、行政法规强制性规定的，人民法院应予支持。经人民法院调解公司收购原告股份的，公司应当自调解书生效之日起六个月内将股份转让或注销。股份转让或注销之前，原告不得以公司收购其股份为由对抗公司债权人。"这对于有限责任公司回购股东股份予以了明确承认。实务中，司法裁判往往也对此认可，例如，在舜天公司与叶宇文股权转让纠纷再审裁定［（2009）民申字第450号］中，最高人民法院认为，《公司法》并不禁止股东在公司成立之后以合法方式退出公司，包括以公司回购股权的形式退出公司。可见，就我国《公司法》相关规定及其司法解释而言，并不禁止公司回购自身股权，也不禁止股东与公司合意达成股权回购协议。实际上，从域外立法例来看，也普遍对股权回购予以准许，尤其是英美法系国家多对股权回购持自由主义立法模式。例如，美国1984年《模范商业公司法》6.31（a）明确规定，一家公司可以获取自己的股票，所获取的上述股票成为认可发行但还未发行的股票。① 英国公司法允许在具备特定保障措施情形下准予购买自己的股份，所有公司均可用利润或新发行股本购买（或赎回）股份。其还规定，公司可以将来发生的特定事件作为合同的生效要件，比如基于雇员死亡或退出而购买其股份的合同。② 2005年日本《公司法》受到英美法系的影响，其第二编第二章第四节规定"由股份公司取得自己的股份"，其第二段规定了"通过与股东的合意取得"。上述规定均对公司取得自己的股份表示认可。而从大陆法系来看，法德两国虽然都对股权回购作了禁止规定，但又设置了例外条款，且在实务中已经创设了股东退出权与除名权等做法，③ 对于股权回购予以准许。有限责任公司具有人合性与闭锁性，其公司章程如对公司回购自身的股权作出规定，往往都是以维持公司内部的特定股权结构为目的，例如，在本案中，其公司章程规定由公司回购股权，其目的是为

① 赵旭东主编：《新公司法制度设计》，法律出版社2006年版，第299～300页。
② ［英］丹尼斯·吉南：《公司法》，朱羿锟等译，法律出版社2004年版，第129～133页。
③ 赵旭东主编：《新公司法制度设计》，法律出版社2006年版，第303页。

了保持职工内部持股的股权结构，这一股权结构是确保有限责任公司内部股东之间信赖关系的重要保障，属于有限责任公司内部自治的重要范畴。对于有限责任公司内部具有正当理由的股权回购一律禁止，对其章程约定全盘否定，将破坏公司内部自治之基础，损害公司的持续运转，不符合公司法维护市场经济秩序的立法目的。我国公司法在并无特殊规定的前提下，从商事交易便捷与安全的角度而言，也应作出与上述域外规定类似的解释，对于股权合意回购不予禁止。

（三）股权合意回购的程序约束与必要限制

民法意思自治并非漫无边界，而应受强制性法律规范、公序良俗以及法律原则之合理限制。公司股权回购之所以需要法律作出特殊规定，主要在于公司资本维持原则、公司资本不变原则的要求，需要在股权合意回购与抽逃出资的恶意行为之间划定界限，避免恶意股东通过所谓的股权合意回购对于其他股东制造不公平的交易优势或者在公司资信不足的情况下抽逃出资，造成外部债权人履约保证的重大损害。股权合意回购恶意与善意、合法与非法的界限，其判准也就主要在于能否妥善协调出让股权股东、其他股东、公司以及公司外部债权人的合法权益保障，从而形成各利益相关方之间的均衡关系，保障公司合规正常运转。就此，我国关于股份有限公司股权回购的相关规定具有参照意义。2018 年，我国《公司法》第一百四十二条第三款最新修订后规定："公司依照本条第一款规定收购本公司股份后，属于第（一）项情形的，应当自收购之日起十日内注销；属于第（二）项、第（四）项情形的，应当在六个月内转让或者注销；属于第（三）项、第（五）项、第（六）项情形的，公司合计持有的本公司股份数不得超过本公司已发行股份总额的百分之十，并应当在三年内转让或者注销。"这对于公司收购自身股份后的股份数限制、股份处置期限以及处置方式进行了规定，从而确保公司不致长期拥有自身股份，损害公司与股东之间人格分离的基本法律基础。有限责任公司对外独立承担有限责任与股份有限公司并无差别，相关法理在同类情形下也应适用。从域外规定来看，对于公司回购自身股权也无不作出相应的程序规定或限制。例如，英国公司法规定，公司通过场外交易购买自己的股份，应依据公司特别决议（或书面决议）的预先授权，通过特定合同在场外交易，购买股份的公司须在购买后 28

天向注册官提交报告。[①] 日本2005年《公司法》第一百五十六条第一款规定，"股份公司依照与股东的合意，有偿取得该股份公司的股份时，须预先经股东大会决议决定下列事项。但第三项的期间不得超过一年。一、取得股份的数额；二、与取得股份兑换交付的金钱等的内容及其总额；三、可取得股份期间。"[②] 对于我国股权合意回购，在法律适用上予以认可的同时，应就其合理处置与限制问题进行考量，保证股权合意回购发挥促进公司顺畅运转的积极作用，避免其可能损害公司独立财产以及外部债权人的消极作用。就其具体内容来看，有以下几个方面值得重视：

1. 股权合意回购之价格确定。对于已经完成股权回购合意的双方，一般也就已经对股权合意回购的价格进行了约定。否则，双方对于股权出售价格未达成一致的，则应视公司章程是否存在约定，公司章程有约定且并无显失公平情形的，可以公司章程约定之内容补全双方股权合意回购的内容，从而认可其效力。但在公司章程对此亦无约定的情形下，如果双方始终未能就股权出售价格达成一致的，鉴于我国《公司法》并未就此作出特殊规定，应参照《合同法》关于合同成立之规定以及《民法总则》关于意思表示之规定，其意思表示不确定，可认为其合意未成立。但在双方已然对于价格作出明确约定的情形下，公司未能履行该约定的，股东应可提起诉讼请求履行该约定。股东会决议中对于股权出让之价格提出异议的股东，如认为股权出让之价格明显过高，显失公平，严重损害公司权益的，可在符合《公司法》第五十一条规定的前提下，提起派生股东诉讼。公司股权出让之价格是否合理可以股权所占的公司财产份额的价值为衡量基础，综合考虑公司资本、盈利等情况作出判断。

2. 股权合意回购的资金来源。《最高人民法院关于适用〈中华人民共和国公司法〉若干问题的规定（二）》第五条在规定公司解散纠纷处理中的股权回购问题时，并未明确就股权回购的资金来源作出规定，但这并不否定公司合意回购的资金来源应有所限制。《公司法》第三十五条明确规定股东不得抽逃出资，因此，对于公司维持注册资本的资金一般不得抽回用于支付回购股权的对价，除非公司办理减资程序，避免对公司外部债权人的合理信赖产生损害。域外公司法从保证公司资本维持原则出发，对于股权回购的资金来源多规定为公

① ［英］丹尼斯·吉南：《公司法》，朱羿锟等译，法律出版社2004年版，第129～133页。

② 崔延花译：《日本公司法典》，中国政法大学出版社2006年版，第68～69页。

司盈利。例如，德国《股份法》规定，不能动用公司资本和法定储备金购买本公司股份。[①] 法国《商法典》第 L225－210 条规定取得本公司股份不得超过全部股份或者特定股份种类的 10% 以上，不得产生使公司自有资金降低到低于其注册资本加上未分派的公积金总额的结果。[②] 英国公司法准许以公司盈利和新股股本回购股份，但对于公司固有的股本，其《1985 年公司法》仅授权私公司使用部分（而非全部）股本购买或赎回股份，其条件是有关公司没有足够的可分配利润，也不能通过发行新股筹集到所有资金。[③] 就我国公司法而言，对于以固有股本回购公司本身股权导致公司股本不足的，可因其违反《公司法》第三十五条之规定，否定其效力，从而严格划定股权合意回购与抽逃出资的法律界限，保护外部债权人利益。

3. 合意回购的股权份额及公司持有股权的期限限制问题。从避免公司与股东人格混同的角度而言，应当避免公司长期持有自身股份。我国《公司法》第一百四十二条对于股份有限公司收购自身股份的股权持有期间以及股权份额比例均作出明确限制，对避免公司法律逻辑混乱、保证公司独立运营、维护运转秩序具有重要意义。从比较法上来看，德国《股份法》也规定，企业拥有自己股份的总面值不得超过其基本资本的 10%。[④] 就我国有限责任公司而言，也应有所限制。本指导性案例提出对回购股权进行合理处置，即反映了这一要求。由于我国公司法并未就有限责任公司股权合意回购作出明确规定，对此应结合公司状况等认定其合理处置的可能性。如其所回购的股权无法通过股权转让、公司减资等程序进行合法处置的，则将导致股权长期由公司本身持有，这既不符合公司设立的目的，也不符合公司与股东人格分离的基本规范，应属无效。对于公司回购的股权占据公司股权比例过高，又不能通过公司减资程序或股权转让等进行合理处置的，也应作出同等判断。

4. 公司回购股权的权利限制问题。在本案中，股东会决议明确提出："其股金暂由公司收购保管，不得参与红利分配。"由于公司回购自身股权，其只

① ［德］托马斯·莱塞尔、［德］吕迪格·法伊尔：《德国资合公司法》（第 3 版），高旭军等译，法律出版社 2005 年版，第 309～312 页。

② 罗结珍译：《法国商法典》（上册），北京大学出版社 2015 年版，第 325～330 页。

③ ［英］丹尼斯·吉南：《公司法》，朱羿锟等译，法律出版社 2004 年版，第 129～133 页。

④ ［德］托马斯·莱塞尔、［德］吕迪格·法伊尔：《德国资合公司法》（第 3 版），高旭军等译，法律出版社 2005 年版，第 309～312 页。

是暂时性的持有股权，公司本身不能作为股东行使权利，否则即与公司和股东人格分离的基本规范不符，因此，公司回购股权的权利行使当然受到其自然属性的限制。比较法上，对此也多有规定，例如，德国《股份法》规定，公司不享有其自己股份的表决权和分红请求权。① 法国《商法典》也明确规定，由公司持有的股票不产生分派股息的权利，也不享有表决权。② 公司回购自身的股权，如其具有表决权与分红请求权，则将使公司管理人员获得实际控制权，与公司由股东所有的基本法律属性不符。上述比较法上的规定，可资借鉴。

（四）章程约定股东退出公司由公司回购股权的效力问题

本指导性案例涉及“人走股留，公司回购”条款的效力问题。在公司章程中对股权转让作出限制，这是公司章程条款中并不少见的现象，我国对此并不禁止。《公司法》第七十一条第四款对于股权转让规定：“公司章程对股权转让另有规定的，从其规定。”赋予了公司章程对于股权转让作出特别约定的权利，以此尊重有限责任公司的内部自治。但是，对于由公司章程对股权转让进行限制，其程序与限度何在存在争议。有的观点认为，“以章程方式限制股权的流通，并非完全无效。如果章程完全剥夺了股权的流通性，则会导致章程限制的无效。”③ 这一观点有其合理性，在市场经济环境下，财产权利的本质之一就是流通性，如其完全丧失流通性，则与股权作为民事基本权利的本质相悖，且提前剥夺股东流转股权之权利，也构成对于股东权利的不当限制，与公序良俗不符，应认定无效。这一观点实际上区分了股权转让的限制与禁止，按照《公司法》第七十一条的上述规定，股权转让自然可由章程合理限制，但却不可超出一定限度，达到等同禁止之程度。本案中，公司章程约定由公司回购仅是限制了股权转让的受让人范围，并未完全禁止股权转让，不致因此无效。

对于《公司法》第七十一条第四款规定的另一争议则为：作为公司行为的公司章程何以能对股东的股权作出限制，这是否符合权利由权利人处分的一般规则。有学者认为，对于《公司法》第七十一条应作限缩解释，就公司的

① ［德］托马斯·莱塞尔、［德］吕迪格·法伊尔：《德国资合公司法》（第3版），高旭军等译，法律出版社2005年版，第309～312页。

② 罗结珍译：《法国商法典》（上册），北京大学出版社2015年版，第325～330页。

③ 胡田野：《公司法律裁判》，法律出版社2012年版，第283页。

初始章程也即章程的制定而言，由于属于全体股东或者发起人一致同意的结果，可以适用合同机制，对于股权转让的限制可视为个人意思自治的结果，不必干预，应认可其效力。但就章程修正案而言，适用多数决原则，属于公司单方的意思表示，在股东本人未作同意的情况下，不应以单方意志限制股东权利。[①] 这一观点明确了对于股权的处分应征得股东的同意。此外，从股东权利的权能来看，其分红请求权、股权转让权等应属于个人性权利，须由股东个人处分，而涉及股东表决权等公司性权利，由于涉及公司内部治理，公司章程应可对其适当限制。即使是股东转让权，正如上文所述，公司章程不得对其禁止，但对其转让的程序应设置一定的要求，以符合股东间维系信赖关系的需要，也应属于《公司法》第七十一条第四款的规范意旨范围。公司章程约定职工退出公司时，必须退出股权，由公司回购，属于对股权转让权作出的限制，但却并非仅为程序限制，也涉及实体性利益的处分。其原因在于，股东本可向外部自由转让股权，但由于该章程的约定，其丧失了向外部转让股权的利益，其变现价值可能受到影响，难以实现完全的市场价值。就此而论，依据股权应由股东本人处分的原则，该章程的约定应取得出让股权的股东的同意。倘若股东本人对此并未在事前或者事后表示同意或追认，则不能认为公司章程约定对其直接发生效力。本指导性案例的裁判要点明确指出了初始章程约定股权转让限制的，只要不违反法律法规禁止性规定，即为有效，正是充分考量了这一原则。初始章程作为公司成立时制定的章程，由全体发起人签名确认，即使其后有新股东加入，也是在章程约定已经完成之后，应视为对公司章程约定的接受，因此初始章程约定了股权转让限制的，事实上已经取得了出让股权的股东的同意，符合股权由股东处分的原则。上述学者观点将初始章程与章程修正案予以区分，有其依据，在章程修正案对于“人走股留、公司回购”作出约定的情况下，则应审查股东本人是否对于章程修正案的有关条款表决认可，或者事后对于该条款的规定予以认可，如股东本人对此始终并未表示认可，则不应发生剥夺股东实体性权利之结果。否则，即有违股权保护的原则。实务中，有的裁判体现这一观点，例如在北京华新电工设备有限公司诉袁煜飞股权转让纠纷案［（2010）二中民终字第01739号］中，法院认为：公司章程的制定和

① 参见钱玉林：《公司法实施问题研究》，法律出版社2014年版，第159～163页。

修改系民事法律行为，应依据民事法律行为效力的认定标准认定章程效力。公司章程经持有三分之二以上表决权的股东通过后修改，修改后的内容包括离职股东转让其股权。因离职股东未在修改后的章程上签字，可认定修改后的章程并非离职股东的真实意思表示。同时，公司章程中涉及处分离职股东股权的内容违反法律规定，应认定为无效。① 本案中，不仅作出规定的章程为初始章程，且宋文军本人也提出了以全额退股为内容的退股申请，明显对于上述条款进行了认可，经公司股东会特别多数决议认可后，应当发生法律效力，不致产生无权处分之问题。

自1998年开始至2005年左右，以建立现代企业制度为目标，我国政府在全国范围内对国有企业、集体所有制企业进行了大幅度的制度改革。资产处置、股权设置、人员安置三大问题，成为国企改制的核心和关键。在国企改制过程中，有的企业采用了内部人收购模式，由企业管理层以及员工收购改制企业股份，以保持企业生产经营和人员稳定，其约定“人走股留，公司回购”条款具有特殊背景，应予支持。

（执笔人：陕西省高级人民法院研究室　袁辉根

最高人民法院案例指导工作办公室　石　磊）

① 该案例被《中国法院2012年度案例：公司纠纷》收录，转引自王元庆主编：《股权转让纠纷裁判规则与适用标准》，法律出版社2015年版，第207～208页。

［典型案例］

江苏法院2018年度消费者权益保护十大典型案例

案例一：从事公共运输的承运人制定的相应票务规则内容不公平、不合理的，属无效条款

【案情】

2017年10月14日上午，吴某至苏州地铁东环路站乘坐一号线至相门站，上述区间地铁票价为2元。吴某持有余额为7.1元的苏州市民卡B卡刷卡进站，但进站闸机显示卡内余额不足，导致吴某无法进站。依据《苏州市轨道交通票务规则》第十三条规定，苏州通/市民卡、江苏交通一卡通本地卡余额低于轨道交通线网最高票价的折后金额时将不能进站。吴某经咨询苏州地铁工作人员得知，苏州地铁一号线全程票价为8元，持有苏州市民卡进站可享受9.5折优惠，折后全程票价为7.6元（8元×0.95），在卡内余额不足7.6元时不能进站。吴某认为，市轨交公司具有强烈公益性、社会性，《苏州市轨道交通票务规则》第十三条规定排除或限制乘客权利的规则不公平、不合理，有违公平原则，侵犯乘客公平交易权，该格式条款当属无效，故吴某诉至法院。法院认为：根据《合同法》第二百八十九条规定，从事公共运输的承运人不得拒绝旅客或托运人通常、合理的运输要求。吴某需乘坐的地铁区间仅需2元

票价，在其市民卡内余额足以支付其乘坐区间票价的情况下，不存在市轨交公司所述需要透支使用的情形，吴某的运输要求通常、合理，其应当享有公共运输服务的权利；市轨交公司通过涉诉票务规则排除或限制吴某在承担合理运输费用义务基础上享受公共运输服务的权利，有违公平原则，于消费者而言系不公平、不合理的规定。据此，吴某请求确认涉诉票务规则无效，符合上述法律规定，应予支持。经法院组织调解，市轨交公司最终与吴某达成调解协议，于2019年12月31日前按最低票价进站的原则对《苏州市轨道交通票务规则》第十三条进行修订并同步施行。

【法官点评】

根据《合同法》第二百八十九条规定，从事公共运输的承运人不得拒绝旅客或托运人通常、合理的运输要求。《消费者权益保护法》第二十六条第二、三款规定，格式条款含有排除或者限制消费者权利、减轻或者免除经营者责任、加重消费者责任等对消费者不公平、不合理规定的，其内容无效。本案中，吴某需乘坐的地铁区间仅需2元票价，在其市民卡内余额足以支付其乘坐区间票价的情况下，市轨交公司通过制定涉诉票务规则拒绝吴某的合理运输要求，明显违背了前述法律规定，损害了吴某享受公共运输服务的权利。本案的处理结果，有助于从事公共运输的承运人慎重制定票务规则、提升公共运输服务质量，维护了吴某乃至广大不特定乘客的利益。

【专家点评】

本案的处理及其产生的社会影响，无疑是积极与正面的。本案的意义与价值更在于，公共服务部门与相关企业，应当依照我国全面依法治国的理念与要求，特别是依据2013年修订的《消费者权益保护法》，全面梳理与反思既有的相关业务规则，以尊重与保护消费者权益为指导，改变管理者本位的观念与做法，真正提升服务水平与服务质量。对于提起此类诉讼以维护广大公众利益的消费者，全社会应当给予广泛的支持与鼓励。而人民法院的依法、公正裁判，无疑发挥着至关重要的作用。

——南京大学法学院李友根教授

案例二：销售者对汽车配件存在欺诈行为，影响消费者购买汽车决策时，应当按照车辆全款的三倍支付惩罚性赔偿金

【案情】

2017年7月12日，原告唐某宏（乙方）与被告宝华公司（甲方）签订买卖协议一份，约定乙方购买甲方所售车型为2016款福睿斯1.5自动时尚型轿车一辆。2017年8月27日，涉案车辆在泰兴市珊瑚镇发生事故受损，在修理过程中，唐某宏发现该车之前曾经修理过，遂委托靖江天安达汽车贸易有限公司对后保险杠进行拆解，发现涉案车辆的前后保险杠均存在维修过的痕迹，遂与宝华公司产生纠纷诉至法院。法院认为：唐某宏因生活所需向被告宝华公司购买涉案车辆，属于生活消费，其购买行为受《消费者权益保护法》的保护。消费者有知悉其购买、使用的商品或者接受服务的真实情况的权利，宝华公司作为专业的汽车销售商，在无特别约定的情况下，其在向唐某宏交付车辆前应对车辆进行全面检测，将符合约定的新车交付给唐某宏，宝华公司作为经营者理应明确具体地将涉案车辆已经经过维修的事实告知消费者，宝华公司未提供任何证据证明其对原告履行了上述告知义务，明显侵犯了唐某宏的知情权。本案中，宝华公司应当明知其隐瞒涉案车辆的真实情况会让唐某宏陷入错误认识并作出签订合同、购买涉案车辆的决定，但其仍然放任这种结果的发生，主观上具有欺诈故意，应当认定宝华公司的行为构成欺诈。故判决宝华公司于判决生效后十日内赔偿原告唐某宏三倍购车款共计270000元。

【法官点评】

《消费者权益保护法》第二条规定："消费者为生活消费需要购买、使用商品或者接受服务，其权益受本法保护。"本案中，原告因生活所需向被告宝华公司购买涉案车辆，属于生活消费，其购买行为受《消费者权益保护法》的保护。一方故意告知对方虚假情况，或者故意隐瞒真实情况，诱使对方作出

错误意思表示的，可以认定为欺诈行为。欺诈关注的是当事人意思表示真实的问题，并不涉及合同目的的实现。因此，一方的欺诈行为尽管仅涉及商品的某些部分，但如果按照一般消费者的观念，这种部分的欺诈足以影响其对商品整体的购买决策时，则应当对商品的整体承担欺诈的法律责任。从一般消费者的认知能力和消费心理出发，新车是指全新、未经过使用、未经过维修的车辆，经过碰撞、维修的车辆并非一般消费者认为的新车，故车辆经过碰撞、维修的信息显然会影响消费者的购买选择，宝华公司应当明知其隐瞒涉案车辆的保险杠曾经被修理过的真实情况会让原告陷入（按照新车购买涉案车辆的）错误认识，但其仍然放任这种结果的发生，主观上具有欺诈故意，应当认定被告宝华公司的行为构成欺诈。依据我国《消费者权益保护法》第五十五条的规定，原告据此要求被告宝华公司赔偿其三倍购车款即270000元的诉讼请求，符合法律规定，应予支持。

【专家点评】

本案的处理，符合《消费者权益保护法》第五十五条第一款的规定，也符合最高人民法院2013年11月发布的第17号指导案例《张莉诉北京合力华通汽车服务有限公司买卖合同纠纷案》的裁判要点：“汽车销售者承诺向消费者出售没有使用或维修过的新车，消费者购买后发现系使用或维修过的汽车，销售者不能证明已履行告知义务且得到消费者认可的，构成销售欺诈，消费者要求销售者按照消费者权益保护法赔偿损失的，人民法院应予支持。”本案涉及近年来我国司法实践针对欺诈与隐瞒信息范围的关系所存在的分歧。以汽车销售领域为例，经营者隐瞒了汽车的交易信息、微小维修信息等是否构成欺诈进而适用惩罚性赔偿，各地法院有不同的理解与裁判。此类问题的判断标准应当尊重社会生活的真实状态，考察法律规定的条文与精神。一方面，《消费者权益保护法》第五十五条第一款所针对的是经营者的欺诈行为，而隐瞒商品的真实信息是最为典型的一种欺诈行为。此类被隐瞒的信息是否属于经营者有义务告知的内容，则取决于其对于消费者的购买决策或者交易条件是否产生影响。另一方面，判断某类信息是否应当告知消费者，既不能以经营者的单方设定（或者行业协会的单方规则）为标准，也不能以个别消费者的任意解释为准，而应当以普通消费者（即所谓的标准人）的正常理解、认识与要求为准，即广大消费者在购买商品时对相关信息的合理期待。判断的关键在于当消费者事后得知该隐瞒的信息，是否会产生被欺骗的感受。《消费者权益保护法》第五十五条第一款所规定的欺诈应当包括所有能够影响交易决策或交易条件的信息。此类重要信息应当属于经营者有义务告知的内容。本案中经营者应当被认定构成了欺诈行为，应当适用惩罚性赔偿。

——南京大学法学院李友根教授

案例三：经营者应主动向消费者提示说明保价条款，未履行提示说明义务的，保价条款对消费者不产生约束力

【案情】

2018 年 4 月，尤某委托建达公司将两只玻璃展柜运送至广东省南海区水镇。建达公司收取 600 元包装运输费后，向尤某开具了快运运单，运单背面契约条款提示未保价的货物损坏的，最高赔偿金额为 500 元人民币，尤某未对快递物进行保价且未在寄件人签名处签名。后建达公司将货物发往目的地，收货人接收货物时，发现展柜损坏，拒绝签收。因赔偿事宜协商未果，尤某诉至法院，要求建达公司赔偿快递物损失费 5000 余元。法院认为，尤某委托建达公司将货物运输到指定地点，双方形成货物运输合同关系。建达公司因运输不当对标的物造成损失，应按照快递物的实际损失进行赔偿。虽然运单背面契约条款载明了未保价的货物赔偿限额为 500 元，但本案中尤某未在寄件人签名处签名，建达公司也未提交证据证明其已向尤某提示过保价条款。故该保价条款对尤某不产生法律效力，被告建达公司仍应按照快递物的实际价值承担赔偿责任。因此判决支持了尤某的诉讼请求。

【法官点评】

目前，随着网络购物的兴起，快递成了人们日常生活中必不可少的一部分。快递企业为了减轻自身的责任，常在运单背面载明免除自身责任的格式条款。但免责条款并不当然地成为合同的一部分并对消费者产生法律约束力。本案中，虽然运单背面的保价条款载明未保价货物最高赔偿金额为 500 元人民

币，但快递运单的寄件人处无人签名，被告建达公司未能提供充分证据证明已经将保价条款向尤某提示阅读，故该保价条款不能作为合同的内容对尤某产生效力，应视为双方对承运货物毁损没有约定，依法应按快递物的实际损失数额进行赔偿。

【专家点评】

从一般角度看，本案涉及的是货物运输合同中货物毁损或灭失的赔偿责任问题。对此，只要法律不禁止，合同双方当事人依据契约自由原则可以对该赔偿责任进行事先的约定。若无特定约定，自然应当依据实际损失进行赔偿。而本案中快递公司提供的运单背面载明了最高赔偿额为500元的条款，似乎表明合同对于赔偿额已经有了明确的约定。但本案的特殊性（事实上所有快递企业可能均存在此类情形）在于，此种最高赔偿额的约定条款实质上是快递企业提供的格式条款，往往不容商讨、修改。而寄件人作为个人，也即快递服务的消费者，并不具备讨价还价的能力，要么接受、要么走开。因此，对于此类格式条款，我国《合同法》及《消费者权益保护法》均对作了专门的规定，特别是当此类条款涉及减轻或免除经营者责任的内容时。《消费者权益保护法》第二十六条规定："经营者在经营活动中使用格式条款的，应当以显著方式提请消费者注意商品或者服务的数量和质量、价款或者费用、履行期限和方式、安全注意事项和风险警示、售后服务、民事责任等与消费者有重大利害关系的内容，并按照消费者的要求予以说明。"本案中，法院正是依据案情，强调经营者并未向寄件人提示阅读特别条款，进而否定了该格式条款的效力。

——南京大学法学院李友根教授

案例四：销售者用汽车合格证作融资担保的，购车人有权要求融资公司予以返还

【案情】

甲公司为取得贷款，以其库存汽车的合格证向融资公司作质押担保。徐某从甲公司购买新车一辆，甲公司在交付汽车时未向徐某交付车辆合格证。徐某所购车辆无法领牌上路，遂诉至法院，要求融资公司返还车辆合格证。法院认

为，徐某系从市场以合理价格购得车辆，甲公司已向其交付车辆，徐某已依法取得车辆所有权。车辆合格证系机动车生产企业按照国家相关要求制作形成并随车交付的证明车辆合格的法定文件，附属于车辆，属于车辆的从物，其权属应归于车辆所有人。虽然融资公司基于其与甲公司之间的质押合同占有涉案车辆合格证，但是车辆合格证不具有财产属性及权利内容，不能作为质权标的，故融资公司不享有车辆合格证的质权。融资公司与甲公司关于占有汽车合格证的约定仅对两公司具有约束力，不能对抗消费者。故判令融资公司向徐某交付汽车合格证。

【法官点评】

车辆合格证是机动车生产企业按照国家相关要求制作形成并随车交付的证明车辆合格的法定文件，附属于车辆，系车辆的从物，依据《物权法》第一百一十五条之规定，其所有权应与车辆的所有权一并转移给车辆买受人。合格证质押不属于现行法律规定的担保范畴，是一种非典型担保。此类型担保不以获取财产上的利益保障债权实现，而是通过限制债务人或者第三人行使权利，以激发债务人主动履行债务的动力，从而间接保障自已的债权实现。因此甲公司与融资公司签订的占有该车辆合格证的合同是有效的，融资公司对车辆合格证成立有权占有。但车辆合格证本身不具有财产属性，不能作为质权标的。故融资公司占有该合格证仅对合同相对方具有约束力，不能对抗所有权人。消费者因车辆合格证被融资公司质押无法上牌，既可以基于消费者权益向甲公司主张权利，也可基于所有权向融资公司主张返还车辆合格证。

【专家点评】

本案消费者除了向融资公司主张权利外，还可以从购买车辆的消费者与销售车辆的甲公司之间的法律关系分析。甲公司销售汽车时不能提供汽车合格证，从而使购车者无法领牌上路，导致其无法实现购车目的。因此，本案存在着甲公司损害消费者合法权益的问题。消费者也可以直接起诉甲公司获得相应的救济。

——南京大学法学院李友根教授

案例五：经营者应当承担向消费者交付质量合格产品的举证责任

【案情】

2017 年 9 月 23 日，羊某某到鼎尚酒行购买 10 箱“洋河蓝色经典·天之蓝”白酒，并支付酒款 15000 元；鼎尚酒行出具收据载明时间、数量、价格、保真等内容。2017 年 9 月 25 日，羊某某向射阳县消费者协会书面投诉，白酒有渗漏，饮用后头疼，夜里呕吐，要求假一罚十。2017 年 9 月 26 日，射阳县市场监督管理局暂扣案涉白酒并送检，后江苏洋河酒厂股份有限公司作出鉴定结论：属假冒产品。后羊某某与鼎尚酒行就赔偿事宜发生纠纷，羊某某诉至法院要求退一赔三。诉讼中鼎尚酒行主张白酒被调包，羊某某所持假冒白酒并非从鼎尚酒行购买，其不应当承担损害赔偿责任。法院认为，鼎尚酒行对其销售的白酒属于质量合格产品负有举证责任，鼎尚酒行未能举证证明应承担举证不能的法律后果。鼎尚酒行未能提供充分证据证实其出售的白酒是质量合格产品、符合其出售时承诺“保真”情形的事实。现有陈述及证据足以认定鼎尚酒行在提供白酒时有欺诈行为，故判决鼎尚酒行向羊某某退还货款 15000 元并赔偿损失 45000 元，合计 60000 元。

【法官点评】

经营者在发生产品质量或者侵权责任纠纷时，应当如何分配举证责任至关重要。消费者取得商品到发现商品存在质量问题之间必然存在一定的时间间隔，如果销售者主张消费者应当举证证明其主张存在质量问题的商品与销售的商品为同一商品，则无疑会使得消费者承担过重的证明责任。因此，为了贯彻消费者保护的基本理念，在诉讼中的举证责任分配不能过于机械。在消费者已经提交了曾在销售者处购买过涉案商品的初步证据后，应由销售者通过提交购买记录、电子识别码等证明其销售的商品并非消费者主张权利的商品，并提供从正规渠道进货的进货单等证明其已向消费者交付合格商品。本案中，2017 年 9 月 23 日羊某某在酒行购买白酒，后羊某某发现并经鉴定所购为假酒，鼎尚酒行应当承担其向消费者交付的系合格商品的举证责任。因鼎尚酒行不能提交充分证据予以证明，法院判令其向羊某某退一赔三是正确的。

【专家点评】

本案涉及证明责任问题。消费者在购买并使用商品后怀疑是假冒商品，并且经向消费者协会投诉并由市场监督管理局采取相关措施后，涉案经营者辩称该商品并非由其销售，应当承担证明责任。本案确实也提出了这一值得关注的问题：消费者在维护自己的权益中如何应对经营者的此类主张？除了消费者在日常消费活动中增强证据意识外，法院也应当关注普通民众的消费实践，在证明责任分配上予以充分的考虑，以更好地保护消费者权益、制裁违法经营者。本案法院的裁判思路是值得肯定的。

——南京大学法学院李友根教授

案例六：学生参加“包过班”培训，考试成绩未达相应录取分数线，培训机构应按约定退还全部培训费用

【案情】

2016 年 2 月，王某与某培训中心签订了一份该培训中心提供的《名校包过班入学协议》，内容为：我们的辅导确保让你的孩子顺利进入名校！如有不通过，全额退款！金额 22695 元。王某在交纳 22695 元培训费后，某培训中心出具《收据》，内容为王某交款人民币 22695 元，收款事由为五年级至六年级冲刺（三门）。王某的孩子（王某某）即在该培训中心参加培训。2017 年 7 月，王某某参加常青藤实验中学的小升初自主招生考试，因分数未达录取分数线未被该校录取。王某认为根据合同约定，培训中心应当退还所有的培训费，该培训中心认为，“包过班”仅是一个培训班的称谓，其已经提供了培训服务，故不同意退款。王某遂向法院起诉，要求培训中心退还全部培训费。法院认为，“名校包过班”并不仅是一个培训班的称谓，其包含了特定的权利义务关系，双方签订的《名校包过班入学协议》中“不通过，全额退款”的约定系一项附条件的约定，协议约定的“不通过考试”情形出现后，条件成就，某培训中心即应按照协议约定“全额退款”。故判决某培训中心返还王某培训

费人民币 22695 元。

【法官点评】

现如今，家长普遍重视孩子的学习教育，为此不惜花费巨额资金，让孩子参加各种学习、培训班，以求不让孩子输在“起跑线”上。得益于此，当前教育培训行业如火如荼、方兴未艾。有些培训班为了扩大影响、吸纳生源，借机大肆鼓吹、空夸海口，以“速成班”“包过班”等口号招揽学员，许多家长也信以为真，然而一旦学员未通过考试，这些培训班又会寻找各种理由推卸责任，这是违反诚实信用原则的表现。本案中王某与某培训中心签订的即是“包过班”协议，王某某未通过名校升学考试，即意味着某培训中心未完成合同约定的义务。按照协议约定，当王某某未能考上名校，约定退款的条件成就时，某培训中心即应当退还培训费用，某培训中心提出的抗辩不能成为其违反合同约定并拒不履行退款义务的理由。

【专家点评】

当事人涉及的附条件合同约定（包括格式条款），或者一方当事人的单方承诺，只要不违背效力性强制性规定均具有法律效力。因此，相关教育培训机构在设定合同格式条款时，应当谨慎对待并遵循上述法律原理及相关规则。

——南京师范大学法学院眭鸿明教授

案例七：销售者有价格欺诈行为的，消费者有权主张惩罚性赔偿金

【案情】

2017 年 11 月 15 日，李某在某公司经营的天猫网店某旗舰店下单购买玉镯四只，订单信息显示：购买“某天然翡翠 a 货翡翠手镯冰糯种缅甸玉镯玉器正品带证书”两只，单价（原价）5000 元，售价 2280 元；“某天然翡翠手镯正品 a 货带证书缅甸玉器冰糯种飘花”两只，单价（原价）3500 元，售价 1588 元；商品总价 7736 元，实付款 7731 元。后李某以某公司虚假宣传为由主张退货退款，并要求某公司承担三倍价款的惩罚性赔偿责任。法院认为，某公司未

能提供相应证据证明其销售的案涉商品在促销活动前七日内的最低交易价格为其标示的原价，某公司的上述经营行为已构成价格欺诈。依据《消费者权益保护法》的规定，某公司应承担相应的赔偿责任。李某要求某公司退还货款并三倍赔偿的要求于法有据。遂判决：某公司返还李某货款7731元，李某返还给某公司案涉玉镯共4件；如李某退货缺少，则某公司可按实际购买价款抵扣应退货款；某公司支付给李某赔偿款23193元。

【法官点评】

根据国家发改委《禁止价格欺诈行为的规定》《关于〈禁止价格欺诈行为的规定〉有关条款解释的通知》等规定，虚构原价、虚假优惠折价，诱骗他人购买的，应属价格欺诈行为，其中“原价”是指经营者在本次促销活动前七日内在本交易场所成交，有交易票据的最低交易价格；如果前七日内没有交易，以本次促销活动前最后一次交易价格作为原价。某公司未能提供相应证据证明其销售的案涉商品在促销活动前七日内的最低交易价格为其标示的原价，其上述经营行为误导李某购买了涉案手镯，已构成价格欺诈。依据《消费者权益保护法》的规定，某公司应承担退货并支付惩罚性赔偿金的责任。

【专家点评】

虚构原价、虚假优惠折价，诱骗他人购买等价格欺诈行为，严重损害消费者权益，扰乱正常的市场交易秩序，依法作出惩罚性赔偿，符合维护消费者权益的法理精神，同时达到对市场不规范行为的警示效应。

——南京师范大学法学院眭鸿明教授

案例八：约定“预付卡刷过后概不退款”的格式条款无效

【案情】

2017年7月24日，市民史某到某健身公司办理了一张瑜伽会员卡，付了会员费3980元。按照该会员卡的规定，史某享有一年内无限次瑜伽课程的学习资格，但会员卡刷卡之后不能退款。在办卡后第三天，史某因个人原因向健身公司提出退卡申请，并要求返还会员费。健身公司认为，史某已经刷卡上过课，根据办卡协议不能退还会员费。史某遂提起诉讼，要求健身公司退还会员费。法院经审理认为，被告发行的瑜伽会员卡属于单用途预付卡。合同解除后对原告史某尚未消费的部分对应的会员费，被告公司应予退还。原告史某办理会员卡后虽未实际使用该会员卡学习瑜伽课程，但考虑到其系因自身原因不使用会员卡，且在办理会员卡以及原告预约使用该会员卡期间，被告公司付出了相应的工本费、人工费等，因此对原告史某要求返还会员费的金额酌情予以扣减200元。最终，法院判决被告公司向原告史某返还会员费3780元。

【法官点评】

商业性预付卡系非金融主体发行的消费者尚未实际消费即预先支付款项的单用途或多用途消费卡。按照发卡人不同可划分为两类：一类是专营发卡机构发卡；另一类是商业企业发行，只在本企业或同一品牌连锁商业企业购买商品、服务的单用途预付卡。平日常见的单用途预付卡有美容或美发会员卡、健身卡、餐饮会员卡等。根据《江苏省消费者保护条例》第二十八条的规定，经营者以发行单用途预付卡方式提供商品或者服务的，消费者有权自付款之日起十五日内无理由要求退款，经营者可以扣除其为提供商品或者服务已经产生的合理费用。经营者未按照约定提供商品或者服务的，应当按照消费者的要求履行约定或者退回预付款。未消费的，应当全额退款并承担预付款的利息；已经消费的，应当按照原约定的优惠方案扣除已经消费的金额，予以退款并承担退款部分的利息。在日常生活中，消费者遇到最多的窘境就是商家往往以“一经售出概不退款”或“一经消费概不退款”为由拒绝退费。但其实这些条款属于免除商家责任、排除消费者主要权利的格式条款，有违公平原则，属无效条款。消费者在遇到类似情况时，应采取合法、有效的方式维护自身合法权益。同时，也提醒广大消费者，在消费过程中要理性消费、谨慎消费，杜绝盲从，从自己的需求点出发选择真实所需，提高自身风险意识，远离消费“陷阱”。

【专家点评】

在市场交往中，商家通过格式合同或单方宣传，标明“一经售出概不退款”或“一经消费概不退款”等这类条款或厅堂标牌，均属于免除商家责任、排除消费者主要权利的格式条款，有违公平原则，属无效条款。消费者有权采取合法、有效的方式维护自身合法权益。

——南京师范大学法学院眭鸿明教授

案例九：检察机关可以提起刑事附带民事诉讼主张惩罚性赔偿金

【案情】

9月6日下午，苏州市吴江区人民法院集中宣判苏州首批食品类刑事附带民事公益诉讼案件。5名被告人因犯生产、销售有毒、有害食品罪一审分别被判处有期徒刑六个月至七个月不等、并处罚金的刑罚。同时，法院判令被告按销售金额十倍支付6000至2.4万元不等的惩罚性赔偿金，并在苏州市市级媒体上公开赔礼道歉。法院经审理查明，2017年6月至11月，5名被告人在吴江黎里、平望等地经营的小吃摊或羊肉馆里，将罂粟籽、罂粟壳熬汤汁后添加进凉皮或羊肉汤中对外出售，从中非法获利。经检测，汤汁中含有"吗啡""可待因""麻黄碱"等对人体有害成分。法院认为，被告人在食品生产、销售过程中掺入有毒、有害的非食品原料，其行为均已构成生产、销售有毒、有害食品罪。被告人的行为同时损害了不特定消费者的生命健康权，侵害了社会公共利益，除应受到刑事处罚外，应当承担民事侵权责任，故三案中被告人分别被判令向苏州市吴江区人民检察院按照销售金额的十倍支付6000至2.4万元不等的赔偿款，并在苏州市市级媒体上公开赔礼道歉，赔偿款由检察院纳入公益基金依法管理。

【法官点评】

该批案件是2018年3月2日《最高人民法院、最高人民检察院关于检察公益诉讼案件适用法律若干问题的解释》施行以来，苏州首批食品类刑事附带民事公益诉讼案件。为保护广大消费者合法权益，维护社会公共利益，检察机关及公益组织有权根据《民事诉讼法》等有关法律规定向法院提起刑事附带民事公益诉讼，请求对5名涉嫌生产、销售有毒有害食品犯罪的被告人依法判处销售价款的十倍金额作为赔偿，并在市级媒体公开道歉。该批案件明确了

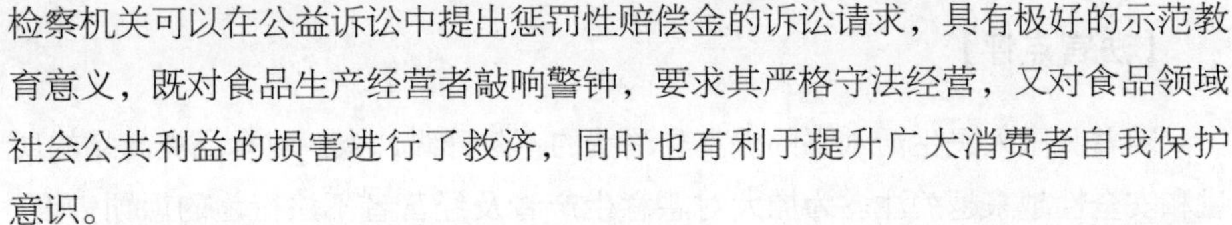

检察机关可以在公益诉讼中提出惩罚性赔偿金的诉讼请求，具有极好的示范教育意义，既对食品生产经营者敲响警钟，要求其严格守法经营，又对食品领域社会公共利益的损害进行了救济，同时也有利于提升广大消费者自我保护意识。

【专家点评】

民事公益诉讼是司法改革赋予检察机关的职能，对涉及消费者合法权益、生态环境保护、弱势群体权益等社会公共利益的，检察机关及相关公益组织有权根据《民事诉讼法》等有关法律规定向法院提起公益诉讼。为此，市场经营者应当严格守法经营，维护社会公共利益。

——南京师范大学法学院眭鸿明教授

案例十：未经权威部门认证，擅自标注商品为“有机食品”，构成欺诈

【案情】

2018年9月2日，刘某在天猫网站上某酒类专营店（以下简称专营店）购买一款促销产品×××高粱酒，促销价为1257元/瓶。刘某共购买了5瓶，合计支付货款6285元。专营店在该酒详情页中“是否为有机食品”一栏标注为“是”。刘某于9月5日收到货物后，对该款酒到底是否为有机食品产生怀疑，要求专营店提供证明该款酒为有机食品的认证文件，专营店表示无法提供。刘某认为专营店存在虚假宣传，构成欺诈，故起诉至法院，要求专营店按照《消费者权益保护法》“退一赔三”的规定，退还其货款6285元并赔偿18855元，合计25140元。法院审理认为，商品是否为“有机”食品，必须经过有关认证机构予以认定。刘某在购买案涉高粱酒时，该酒类专营店在商品详页中“是否为有机食品”一栏标注为“是”，可以认定在交易发生时，专营店的错误标注误导了消费者的购买行为，存在欺诈情形，故依据《消费者权益保护法》相关规定，对刘某的诉讼请求予以支持。

【法官点评】

随着我国人民生活水平的提高和消费的不断升级，人们对食品类商品的质量和安全性越来越关注。为加大对恶意生产者及经营者不法行为的惩罚力度，保护消费者的合法权益，运用惩罚性赔偿是行之有效的办法。商品标注为“有机”产品，必须经过有机产品认证机构依照《有机产品认证管理办法》的规定，按照有机产品认证规则，对相关产品的生产、加工和销售活动符合中国有机产品国家标准进行合格评定并颁发认证证书。本案中，该专营店在明知案涉高粱酒未经有机产品认证机构认证的情况下，擅自标注该款酒为“有机”，对消费者的消费意愿产生重大直接的影响，故该专营店的行为构成消费欺诈，消费者可主张惩罚性赔偿。

【专家点评】

商品标注对消费者的消费意愿直接形成影响，错误的标注会误导消费者的购买行为。标注不实存在欺诈情形的，消费者可依据相关法律主张惩罚性赔偿。因此，经营行为需客观真实标注商品相关信息，确保商品交易行为的合法性。

——南京师范大学法学院眭鸿明教授

[司法实务问题研究]

财产保全损害赔偿责任的认定

李文达*

一、由一起案件引发的争论

（一）案件基本情况

2007年10月11日，江苏新世纪江南环保股份有限公司（以下简称江南公司）与华能泰安众泰发电有限公司（以下简称华能公司）签订《机组烟气脱硫工程合同》，约定江南公司承包华能公司1号机组烟气脱硫工程，合同总价款为5240万元，总价款中包含增压风机的价格，如设计不需要则结算时从总价款中扣除。合同签订后，江南公司开始施工。2008年1月8日，华能公司向江南公司发函要求取消增压风机，并扣除相关费用250万元。同日，江南公司回函予以确认。2012年9月14日，江南公司与华能公司签订《补充协议书》，约定："华能公司已经向江南公司支付合同总价款5240万元，2008年1月8日双方函件就增压风机工程减项一事予以确认，具体减项数额由双方签订本补充协议后本着友好协商的原则继续寻找证据、进一步调研和论证另行确定。"

2014年4月，华能公司向南京市江宁区人民法院提起诉讼，要求江南公司返还其多支付的增压风机款411万元并支付利息844028.47元，同时华能公司申请法院冻结江南公司银行账户存款500万元。法院依法对江南公司银行存

* 作者单位：江苏省南京市中级人民法院民二庭。

款500万元进行了冻结。

2016年2月23日，南京市江宁区人民法院作出一审判决，该判决认为：就应扣减的价款，双方在2008年1月的函中虽然确定为250万元，但2012年9月14日双方均已表示不再按250万元扣减而是按证据确认，经评估机构评估增压风机的价格为420万元，现华能公司只主张返还411万元，予以准许。因此判令江南公司给付华能公司增压风机款411万元。江南公司不服该判决，上诉至南京市中级人民法院。南京市中级人民法院终审判决认为：华能公司于2008年1月8日发函要求扣除增压风机费用250万元，江南公司亦回函确认，应视为双方对增压风机项目应扣减款项达成一致。《补充协议书》签订后双方并未对扣减的价格达成一致意见。据此，二审改判江南公司仅需返还华能公司增压风机款250万元。

此后，江南公司以华能公司多冻结了江南公司银行账户资金250万元，影响了其生产经营活动及流动资金使用为由，将华能公司诉至南京市鼓楼区人民法院，要求华能公司赔偿因申请财产保全错误给江南公司造成的利润损失1249027元并承担本案诉讼费用。

（二）两种裁判思路的碰撞

南京市鼓楼区人民法院一审[①]经审理认为：因财产保全引起的损害赔偿纠纷，属于一般侵权责任纠纷，应适用过错责任归责原则，只有在申请人对财产保全错误存在故意或重大过失的情况下，方可认定为申请人的申请有过错，不能仅以保全的标的额高于生效裁判支持的金额作为判断标准。江南公司与华能公司间关于增压风机价款的问题曾多次协商，在双方因该数额发生争议时，华能公司选择按照2012年9月14日《补充协议书》的约定以及增压风机款的市场价格主张权利，提出财产保全，并无明显过错，未违反普通人的注意义务。综上，江南公司主张华能公司申请保全错误，应不予采纳，据此判决驳回了江南公司的诉讼请求。

一审宣判后，江南公司不服，向江苏省南京市中级人民法院提起上诉。

二审[②]法院经审理认为：由于财产保全措施程序性审查的基本特质，有可能造成被申请人的财产损失，因此，为了防止财产保全被滥用，民事诉讼法一

① 一审案号：（2016）苏0106民初10443号。
② 二审案号：（2017）苏01民终5937号。

方面规定了财产保全应当具备的条件、范围等，另一方面又规定了申请不当的法律后果。《民事诉讼法》第一百零五条规定："申请有错误的，申请人应当赔偿被申请人因保全所遭受的损失。"虽然我国民事诉讼法和司法解释对财产保全申请错误的具体情形未作出明确规定，但在司法实践中，对于被申请人在案件中不应承担相应责任的，应当认定属于申请保全错误的情形之一。华能公司向法院起诉并申请法院冻结了江南公司500万元银行存款。该案历经一、二审，南京市中级人民法院终审判决江南公司仅给付华能公司增压风机款250万元，华能公司所提再审申请亦被法院驳回。据此，应认定华能公司对江南公司多提出的250万元财产保全申请错误，该保全行为给江南公司造成损失亦显而易见，两者存在因果关系，故华能公司申请的超额保全行为构成对江南公司的侵权，应对保全错误的损失承担赔偿责任。关于江南公司损失数额的认定，江南公司未能提供充分证据证明其具体损失的数额，法院冻结江南公司250万元银行存款的时间为2012年12月3日，解除冻结时间为2016年11月18日，经计算，该期间250万元的同期贷款利息为565572.92元，同期活期存款利息为34440.97元，差额531131.95元即华能公司应赔偿江南公司的损失。

综上，二审法院判决：1. 撤销一审判决；2. 华能公司于本判决生效之日起十日内向江南公司赔偿损失531131.95元；3. 驳回江南公司其他诉讼请求。

二、财产保全损害赔偿责任的构成要件分析

财产保全是指在民事案件中，可能因当事人一方的隐匿、转移、出卖等行为，或者有毁损、灭失等危险以及其他原因，使审理案件的人民法院的判决不能执行或者难以执行时，人民法院根据有利害关系的当事人的申请或者依职权裁决，对与案件有关的财产或当事人双方所争议的标的物，采取查封、扣押、冻结、变卖以保存价款或者责令当事人及时处理并保存价款等强制性保全措施。通过财产保全，申请人可以防止被申请人隐匿、转移财产，保证将来生效判决的执行；但另一方面，由于申请人错误申请财产保全给被申请人造成财产损害的案件也大量出现。如何平衡双方当事人的权利，既能保障申请人的合法权利，保证诉讼与执行的顺利进行，又防止申请人滥用权利，保护公民、法人不因财产保全错误而受到损失，是司法实践中亟待解决的问题。财产保全措施具有强制性，存在着保全错误的可能性，但是何种情况才算保全错误，如何确定因保全错误遭受的损失，如何认定财产保全损害责任的成立以及赔偿范围，

在司法实务中争议较大，笔者认为应当从以下几个方面进行把握。

（一）客观要件的审查

财产保全损害赔偿责任从本质上讲是一种侵权责任，《侵权责任法》所规定的无过错责任和过错推定责任中并不包含财产保全损害赔偿责任，因此，应当将其归为一般侵权责任进行分析。分析一般侵权责任的构成要件应遵循从客观要件到主观要件的过程，首先考察客观要件是否齐备，当客观要件满足后再分析过错的有无。① 在客观构成要件中，需要考察以下三点内容。

1. 保全行为

没有保全行为，就不存在财产保全损害赔偿责任。但财产保全损害赔偿责任中的行为与其他一般侵权责任的加害行为有所不同，该行为并非申请人直接实施，而是通过申请人的保全申请借助法院的强制性措施对被申请人的财产进行的，或者由法院直接依职权实施。在法院依当事人申请采取了保全措施后，才有可能引发后续的保全错误导致损害赔偿问题。

2. 损害结果

只有在损害结果出现的情况下侵权人才负有损害赔偿责任，没有损害便没有赔偿。法院采取查封、扣押、冻结、变卖以保存价款等强制性保全措施后，往往会对被申请人的流动资金、生产资料、银行账户产生不利影响，进而影响被申请人的正常生产经营，并给其带来财产上的损失，该损害结果系经济损失，能够用金钱加以计算。

3. 因果关系

申请人对财产保全承担损害赔偿责任应建立在其与该损害之间存在联系的基础上。财产保全行为作为原因，损害事实作为结果，在两者之间应当存在着前者导致后者发生的客观联系。财产保全行为与损害结果之间的因果关系较为明显，该因果关系不论采取相当因果关系理论或者必然因果关系理论都较为容易加以认定。

（二）主观要件认定标准的争议

客观构成要件均满足后，还需进一步考察行为人是否具有过错，即对于损害结果的发生行为人主观上是否存在故意或过失。在财产保全损害赔偿责任中，客观构成要件一般比较容易把握和识别，争议比较大的是对主观要件认

① 程啸：《侵权责任法》（第二版），法律出版社2015年版，第208页。

定。关于过错的种类，存在故意和过失两种情形。

1. 故意

财产保全损害责任中的故意是指申请人明知自己的诉讼请求无法得到法院的支持，仍向法院提出财产保全的申请，借助法院的强制性措施对被申请人造成损害后果，并且希望或者放任该后果发生的一种主观心态。如果申请人对于其诉请不能得到法院支持是明知或是应当明知的，其基于此诉讼请求再申请财产保全就存在故意，给被申请人财产造成损失的，申请人应当赔偿被申请人由此而受到的损失。有些申请人为了使被申请人的生产经营陷入困难，甚至不惜提起虚假诉讼，并通过法院的保全措施查封、扣押、冻结被申请人的财产。在司法实践中，申请人故意对被申请人造成财产保全损害的情况并不十分常见，在主观心态为故意的况下，申请人的主观恶意明显，申请人应当承担财产保全损害赔偿责任自不待言。

2. 过失

过失是财产保全损害责任中最为常见的过错形态。财产保全损害责任中的过失是指申请人因疏忽大意或者过于自信而使自己未履行应有的注意义务，导致申请法院保全对方财产并给对方造成损失的一种心理状态。关于过失的认定，主要有以下两种观点。

第一种意见认为，由于当事人的法律知识、对案件事实的举证证明能力、对法律关系的分析判断能力各不相同，可能无法达到司法裁判所要求的专业水平，导致当事人对案件最终结果的判断未必与人民法院的裁判结果一致。因此对于当事人申请保全所应尽到的注意义务的要求不应过于苛责，不能仅以保全申请人的诉讼请求是否得到支持作为申请保全是否具有过失以及保全错误与否的依据，还需考虑当事人的客观情况、案件难易程度、二审是否改判等因素。

第二种意见认为，申请人在诉讼程序终结后，最终的生效判决未能支持申请人的诉讼请求，或者支持的部分少于财产保全金额的，意味着申请人财产保全申请不当，应当认定其对被申请人因财产保全遭受的损失存在过失或者视为存在过失，属于保全错误的情形。认定保全错误与否应当采取客观的标准，申请人不能以其法律知识不够全面、举证证明能力存在欠缺、案件疑难复杂等原因为由否认其过错。

笔者赞同第二种意见，理由包括以下五个方面。

第一，当事人一方申请保全，其申请保全的前提和基础是该当事人的诉讼请求具有合法性和合理性，而该当事人诉讼请求的合法性和合理性需要通过审判，并以最终生效的判决来确定。若申请人的起诉或诉讼请求没有得到法院生效判决的支持，不论是全部驳回还是部分驳回，说明申请人申请保全的合法性和合理性不存在或不充分。① 申请财产保全的人，应当是民事法律关系中享有权利的一方，当申请人不享有权利时，申请保全他人财产便是违法的。财产保全的目的是为了保证将来作出的判决能够得到有效执行，如果被申请人最终不负有实际给付义务，则意味着申请人财产保全的申请失去应有的基础，该保全必然是错误的。

第二，当事人申请财产保全需提供相应财产作为担保，提供担保的目的在于使被申请人可能因申请错误而遭受的损失切实得到赔偿。《民事诉讼法》第一百条规定："人民法院采取保全措施，可以责令申请人提供担保，申请人不提供担保的，裁定驳回申请。"《最高人民法院关于人民法院办理财产保全案件若干问题的规定》第五条规定："财产保全期间，申请保全人提供的担保不足以赔偿可能给被申请人造成的损失的，人民法院可以责令其追加相应的担保；拒不追加的，可以裁定解除或者部分解除保全。"由此可知，担保的多少直接决定了财产保全的范围，提供担保的作用正是为了赔偿可能给被申请人带来的损失。因此，申请人在申请财产保全时，对因申请不当可能承担的赔偿后果应当知悉，并且凡诉讼即存在胜诉或败诉的可能性，这是所有当事人在参与诉讼前就应当知悉的诉讼风险。申请人经过权衡保全了对方财产，按照权利与义务相适应原则，申请人在享有相关民事强制措施利益的同时，也应承担可能面临的风险责任。

第三，采取客观标准认定财产保全损害责任中申请人的过失，有利于强化当事人在申请保全时尽到注意义务，促使申请人审慎行使权利，防止权利滥用。《民法总则》第一百三十二条规定："民事主体不得滥用民事权利损害国家利益、社会公共利益或者他人合法权益。"申请人申请财产保全处于主动的地位，应尽到谨慎的义务，否则应承担所带来的法律后果，而被申请人处于被动的地位，只能承被担保全的后果。当事人在申请财产保全时，不仅要对其诉讼请求能否得到法院支持这一诉讼风险进行判断，还要对可能因申请错误所承

① 沈德咏主编：《最高人民法院民事诉讼司法解释理解与适用》（上），人民法院出版社2015年版，第479页。

担的法律责任进行权衡。在此基础上，再慎重地决定是否有必要申请财产保全。在依法保护产权和民营企业合法权益的背景下，申请人更应当审慎申请财产保全，申请人未尽到谨慎义务，主观上判断出现错误并申请保全，由此给被申请人造成损失的，申请人理应承担相应的赔偿责任。

第四，如果按照第一种意见确定的标准来认定过失，则必然导致大量被申请人因不当保全遭受的损失无法得到赔偿。申请人的诉讼请求是否能被生效判决支持，在申请财产保全时无法通过法院的程序性审查加以认定，只有通过实体审理并在作出生效判决后才能予以确认。在财产保全损害责任中，由于法院采取了强制性措施，被申请人的损失往往是现实发生的。法院尽到了形式审查的义务后，自身并不存在过错，因此不涉及国家赔偿的问题。被申请人在案件中一般作为被告，在整个诉讼过程中处于被动应对的状态，其对于损失的产生自身并不存在任何过错。申请人如果因其不存在过失而无须承担赔偿责任，则必然出现无辜的被申请人的损失无处主张的困境，也与公平原则相悖，且诉讼费和保全费均由败诉一方承担，并未考虑败诉方的主观因素。

第五，案件的难易程度、审理的曲折程度作为认定过失的因素加以考量，将导致一二审法官的业务水平影响申请人过失的认定。有人认为，一些疑难复杂的案件，法官之间认识尚且有分歧，一二审的判决结果也不尽相同，要求当事人的预判能够与最终生效判决结果相同实属为难，因此即便保全的范围与最终的判决有差别，也不能据此认定申请人具有过失。这种观点具有明显的疏漏：同样一起案件，如果一审法院驳回了申请人的诉讼请求，二审法院维持，则认定申请人的财产保全行为具有过失；如果一审法院支持了申请人的诉讼请求，二审法院改判驳回，则认定申请人财产保全不具有过失。在这种情况下，申请人的保全行为相同，最终的判决结果相同，只是因为一审的结果不同导致对保全错误的认定存在差异，在逻辑上是不能自洽的。因此，用客观的标准去认定或推定过失，既符合公平原则和权利义务相统一的原则，也易于统一裁判尺度，减少自由裁量的空间，防止法官的主观臆断。

三、财产保全错误的类型

《民事诉讼法》第一百零五条规定：“申请有错误的，申请人应当赔偿被申请人因保全所遭受的损失。”但何种情形构成保全错误，我国民事诉讼法和司法解释却并没有作出明确规定。笔者认为，当采取财产保全措施后，以下情形应当认定为保全错误。

1. 申请对象错误

申请对象错误指申请人错误地保全了不应保全的对象。申请财产保全的对象应为可能承担实体责任的当事人，只可能是诉讼中的被告或是承担实体责任的第三人，而申请人由于其主观的原因错误地申请保全了与本诉无关的根本不可能承担实体责任的案外人的财产。

2. 申请人的起诉被裁定驳回

法院在立案后根据申请人的申请保全了被申请人的财产，后经审查发现申请人的起诉不符合法定受理条件。在申请人不具有起诉权的情况下，其申请保全对方财产自然是错误的。

3. 申请人的诉讼请求被生效判决驳回

合法性是财产保全的前提和基础，申请人的诉讼请求在实体上无法得到支持，说明其申请保全对方财产不具有合法性，该财产保全自然是错误的。

4. 申请金额错误

申请金额错误指申请人申请财产保全的金额超过了其诉讼请求的金额。《民事诉讼法》第一百零二条规定："保全限于请求的范围，或者与本案有关的财物。"申请财产保全的范围不应当超出诉讼请求范围，否则系权利过度行使，侵犯了被申请人的权利。法院未尽到形式审查义务的，应当承担相应的责任。

5. 申请人财产保全的金额大于生效判决支持的金额

申请人的诉讼请求没有得到法院生效判决的全部支持，导致多保全了被申请人的财产，说明申请人申请保全的合法性和合理性不够充分，其多保全的部分属于保全错误范围。

6. 申请人撤回起诉

申请人撤回起诉是指申请人保全了对方的财产后，向法院撤回了起诉。撤诉意味着法院未对当事人之间的纠纷作出实体处理，申请人的保全自然丧失了合法性基础。

四、财产保全损害责任中赔偿范围的认定

正确认定损失，是正确确定责任的先决条件。确定财产保全损害责任中的赔偿范围，需准确认定保全错误造成被申请人的损失数额。民事赔偿责任具有

补偿性，只有遭受了实际损失，才有权要求责任人作相应的赔偿。所以，实际损失的存在不仅是认定财产保全损害赔偿责任的构成要件，也是追究错误申请人民事责任的要件。损失包括现有财产的损失与可得利益的损失。一般而言，保全措施都会给被申请人造成损失。在保全正确的情况下，即便给被申请人造成损失，由于该保全行为具有合法性，因此不构成侵权，无须承担赔偿责任。

在实践中，因保全错误造成损失的情况主要有以下情形：保全措施影响被申请人的正常生产经营活动，使其在利润上遭受损失；扣押、查封了被申请人的生产资料或者产品，使得被申请人不能履行与他人订立的合同，而致其承担违约责任遭受损失；对被申请人的股票、债券、实物等采取保全措施，使得在市场价格波动的情况下无法出售，造成的跌价损失；对被申请人的存款、债权予以冻结，造成被申请人的利息损失；对实物财产保全造成的保管费用支出；等等。

因保全错误造成他人损失的民事责任的承担方式首先是恢复原状，即将被保全的财产物恢复到保全以前的状态，及时解除错误的保全措施；其次是赔偿损失，赔偿的数额应与损害结果相当，使被申请人在错误保全期间遭受的损失得以弥补。在对损失进行认定时，要根据被申请人的经营情况、利润率、利润减少情况、错误保全的范围、保全时间、保全对经营活动的影响等因素综合考察予以确定，并根据证据规则认定损失赔偿的最终数额。被申请人要对自己所遭受的损失负举证责任，如果被申请人无法举出足够的证据来证明其所受到的损失，那么其就要承担不利甚至败诉的后果。

本文开篇案例中，华能公司通过申请财产保全限制了江南公司的资金周转，使江南公司丧失了利用该部分经营资本获取利润的机会，也增加了因使用其他等额流动资金而发生的成本，故该部分资金被占用期间相应贷款利息应当认定为损失，华能公司应承担赔偿责任。同时，因查封账户资金不影响被查封资金发生活期存款利息，故在计算利息损失时应予扣减。江南公司的银行账户被查封后，如有资金需要，可通过其他渠道融资，其主张以资金利润率计算损失，因该利润产生除资金融通等因素外，还理应有经营行为等其他因素，故以利润率计算损失缺乏法律依据。

[新类型疑难案例选评]

冯某1诉北京某有限责任公司等股东资格确认纠纷案

巴晶焱　石艳明*

【裁判要旨】

有限责任公司的隐名股东与公司及显名股东关于股东资格的争议，系公司内部纠纷，在认定股东资格时应采取实质标准。在隐名股东与显名股东未签署股权代持协议的情况下，应通过考量显名股东的股权取得方式及对价、隐名股东是否实际行使股东权利、公司及公司其他股东对股权代持是否知悉等因素，对隐名股东与显名股东是否存在股权代持合意进行综合判断，继而对股东资格作出认定。

当事人在另案中的自认，在本案中属于诉讼外的自认，不产生诉讼中自认的法律效力，其仅具有一般的证据效力，并不能直接免除对方当事人的举证责任。

【基本案情】

原告（被上诉人）：冯某1。

被告（上诉人）：北京某有限责任公司（以下简称北京某公司）。

* 作者单位：北京市第三中级人民法院。

第三人（上诉人）：刘某。

原告冯某1诉称：北京某公司由冯某1和冯某2于1996年投资设立，原名称为乌鲁木齐某生物公司。其中，冯某1持股99.69%，冯某2持股0.31%。2005年，乌鲁木齐某生物公司名称变更为现名称即北京某公司。2004年6月22日，冯某1与刘某协商由刘某代为持股，刘某表示同意，双方于该日签订了《股权转让协议》，冯某1将其所持乌鲁木齐某生物公司99.69%的股权中的80%股权转让给刘某，由其代持。现刘某不同意将其所持北京某公司80%的股权归还给冯某1。冯某1诉至法院请求判令：（1）刘某所持北京某公司80%的股权归冯某1所有；（2）北京某公司与刘某将上述股权过户登记至冯某1名下；（3）本案诉讼费由刘某承担。

被告北京某公司辩称，不同意冯某1的全部诉讼请求。（1）北京某公司由乌鲁木齐某生物公司变更名称设立。乌鲁木齐某生物公司于2005年12月1日申请注销登记，法人人格消灭。北京某公司与乌鲁木齐某生物公司是否属于同一法人主体存疑。（2）北京某公司于2010年10月12日被北京市工商行政管理局吊销营业执照，现处于法定清算程序，不得开展与清算无关的经营活动，工商行政管理机关停止办理公司清算以外的任何变更登记事项。（3）北京某公司经营期间，没有收到股东认缴的1.2亿元出资。冯某1诉请确认其在北京某公司的股东资格，首先应当证明其已经依法向公司出资或者认缴出资，且不违反法律法规强制性规定。

第三人刘某述称：（1）刘某与冯某1之间是真实的股权转让法律关系，无偿转让不等于委托代持。（2）冯某1为了逃避债务、规避执行，将乌鲁木齐某生物公司全部资产转移抽逃，并办理了注销登记手续。北京某公司1.2亿元注册资金不实，完全是虚假出资。冯某1主张出资不实的股权归其所有，违反法律禁止性规定。（3）刘某通过股权转让协议无偿受让的是乌鲁木齐某生物公司股权，而非北京某公司股权。现乌鲁木齐某生物公司已办理注销登记、北京某公司被吊销法人营业执照，冯某1主张确认股东资格并办理股权转移登记，没有法律依据。

法院经审理查明：

1. 北京某公司的设立、变更登记情况

根据工商档案材料记载：1996年4月18日，冯某1与冯某2申请设立乌鲁木齐某公司，注册资本1816万元，设立时股东为冯某1和“冯某3”；冯某

1 持股 98%，“冯某 3”持股 2%，冯某 1 任法定代表人、董事长。1999 年 12 月 31 日，乌鲁木齐某公司申请变更登记，将公司名称变更为乌鲁木齐某生物公司，将公司注册资本变更为 1.2 亿元，其中冯某 1 持有公司 99.69% 的股权，“冯某 3”持有公司 0.31% 的股权。2004 年 6 月 23 日，乌鲁木齐某生物公司申请变更登记，法定代表人由冯某 1 变更为刘某；股东由冯某 1、冯某 2 变更为刘某、王某 1；变更后刘某出资 9600 万元，占注册资本的 80%，王某 1 出资 2400 万元，占注册资本的 20%。

盖有“新疆工商企业咨询服务中心查询专用章”的乌鲁木齐某生物公司基本情况显示：乌鲁木齐某生物公司成立日期为 1999 年 4 月 7 日，注销日期为 2007 年 2 月 27 日。经询，北京某公司和刘某均认可刘某基于 2004 年 6 月 22 日的《股权转让协议》而获得北京某公司 80% 的股权。

2005 年 12 月 15 日，经北京市工商行政管理局批准，乌鲁木齐某生物公司名称变更为北京某公司。根据北京某公司的工商登记材料，北京某公司成立于 1999 年 4 月 7 日，注册资本 1.2 亿元，投资人为刘某和王某 1。

2010 年 10 月 12 日，北京市工商行政管理局作出《行政处罚决定书》，决定吊销北京某公司营业执照。

2. 关于冯某 1 与刘某之间的《股权转让协议》

冯某 1 作为甲方（转让方）与乙方（受让方）刘某于 2004 年 6 月 22 日签订的《股权转让协议》约定：（1）甲方将其拥有的乌鲁木齐某生物公司 9600 万股权，占总股本的 80%，依法无偿转让给乙方，乙方同意接受；（2）乙方受让后，将成为乌鲁木齐某生物公司的股东，享有甲方在乌鲁木齐某生物公司的一切股东权利，并承担相应的义务；（3）股权转让合同生效的变更手续，由甲方（或乙方）在股权转让合同生效后，办理股权变更的手续，变更注册所需费用由甲方承担；（4）转让股权后，将乙方名称记载于股东名册；（5）本协议自签订之日起生效。各方均认可上述《股权转让协议》所涉股权转让无对价，冯某 1 称因刘某代其持有股权所以未约定对价，当时股权转让的目的系因冯某 1 的另一家公司新疆某公司要在香港上市；刘某称因公司当时被掏空所以是无偿转让，不认可系股权代持。

同日，冯某 1 与王某 1 签订《股权转让协议》，约定冯某 1 将其持有的乌鲁木齐某生物公司 2362.8 万股权，占总股本的 19.69%，依法无偿转让给王某 1，王某 1 同意接受等。冯某 2 与王某 1 签订《股权转让协议》，约定冯某 2 将其持有的乌鲁木齐某生物公司37.2万股权，占总股本的0.31%，依法无偿转让给王某1，王某1同意接受等。

经询，冯某1与刘某于2004年6月签署《股权转让协议》前，刘某即在乌鲁木齐某生物公司工作，冯某1称刘某为公司保洁员，刘某称其在公司办公室打杂。关于冯某1与刘某签署《股权转让协议》后的情况，刘某称：冯某1仍在公司担任经理直到2008年离开中国境内；刘某行使了股东权利，召开了股东会，但无法找到公司相关文件。

各方当事人均认可北京某公司在吊销前已经基本停止经营，北京某公司被吊销营业执照后，未依法组成清算组进行清算。

3. 冯某1主张刘某代其持有北京某公司股权的依据

（1）2004年6月22日冯某1与刘某签订的《股权转让协议》系无偿转让，刘某代持股权符合常理。

（2）在乌鲁木齐市铁路运输中级人民法院审理的（2014）乌中民初字第7号申请执行人执行异议之诉纠纷一案中，北京某公司作为第三人向法院提交了《民事答辩状》，载明："……二、乌鲁木齐某生物公司2005年迁到北京后，公司名称变更为北京某公司……乌鲁木齐某生物公司股东、法人代表虽然变更为刘某，但是公司经营、财产、财务仍然由原老板冯某1实际控制。刘某既没有向冯某1支付股权转让款，也没有取得乌鲁木齐某生物公司经营权、支配权及财产所有权，只是名义上的股东、董事长、法人代表。三、北京某公司于2010年10月被北京市工商行政管理局吊销营业执照，现处于清理公司财产和债权、偿还公司债务阶段。乌鲁木齐某生物公司所欠金融机构贷款与当前股东刘某、王某1无关。……"刘某认可答辩状的真实性以及答辩状上北京某公司的公章为其本人所盖，但称当时北京某公司面临承担巨额债务，答辩状上的内容属于趋利避害的表述，与股权转让实际情况不符。

（3）冯某1申请证人王某2、冯某2、徐某出庭作证。王某2作证称：其曾用名为王某1，其丈夫冯某4是冯某1的侄子；她代冯某1持有20%股份，她没有参加过公司股东会，也没有参与公司经营管理，亦未分红、领取工资；她和刘某同时签署的《股权转让协议》，其认为刘某系代持股份。冯某2、徐某均出庭作证称：刘某所持北京某公司80%的股权实际为冯某1所有，刘某仅是名义股东，冯某1是北京某公司的实际股东和实际控制人。冯某2称其名字为冯某2，但一般写成"冯某3"。

（4）冯某1主张其是北京某公司的实际控制人，并出示了北京某公司的公章。刘某称，其当股东后，北京某公司的公章在公司，2009年4月刘某将旧的公章作废，刻制了新章。

【裁判】

北京市第三中级人民法院审理后认为：

根据各方当事人的诉辩意见，本案争议的焦点为：（1）北京某公司被吊销营业执照是否影响其诉讼主体资格；（2）冯某1请求确认刘某所持北京某公司80%的股权归其所有应否支持。

关于焦点一，根据北京市工商行政管理局工商登记档案记载，北京某公司由乌鲁木齐某生物公司变更名称设立，北京某公司和刘某亦认可刘某基于2004年6月22日的《股权转让协议》被登记为北京某公司的股东，故法院对于北京某公司和刘某关于乌鲁木齐某生物公司与北京某公司并非同一主体的抗辩意见不予采信。

吊销企业法人营业执照，是工商行政管理局根据国家工商行政法规对违法的企业法人作出的一种行政处罚。企业法人被吊销营业执照后，应当依法进行清算，清算程序结束并办理工商注销登记后，该企业法人才归于消灭。因此，企业法人被吊销营业执照后至被注销登记前，该企业法人仍应视为存续。本案中，北京某公司被吊销营业执照后，未在法定期限内成立清算组进行清算，亦未被注销登记，故北京某公司仍可以自己的名义进行诉讼活动。

《最高人民法院关于适用〈中华人民共和国公司法〉若干问题的规定（三）》（2014年修正）第二十一条规定："当事人向人民法院起诉请求确认其股东资格的，应当以公司为被告，与案件争议股权有利害关系的人作为第三人参加诉讼。"因此，冯某1起诉请求确认其股东资格，以北京某公司作为被告，具有法律依据，北京某公司被吊销营业执照亦不影响其作为本案被告。

关于焦点二，股东资格是投资人取得和行使股东权利并承担股东义务的基础。确认股东资格，应当根据当事人具体实施民事行为的真实意思表示来予以认定。本案中，冯某1主张刘某代其持有北京某公司股权，请求判令刘某所持北京某公司80%的股权归其所有。法院结合证据及当事人陈述具体分析如下：

首先，从股权取得方式来看，根据北京某公司的工商档案材料记载，冯某1系北京某公司设立时的股东，原持有公司99.69%的股权。2004年6月22

日，冯某1与刘某签订《股权转让协议》，约定冯某1将其持有的北京某公司80%的股权无偿转让给刘某，刘某据此无偿取得北京某公司80%的股权。同日，冯某1、冯某2亦将其名下北京某公司的股权无偿转让给王某1。关于上述协议约定为无偿转让的原因，冯某1称实为股权代持；刘某称因公司当时被掏空所以是无偿转让，不认可系股权代持。本案证人冯某2、王某2亦称，此次股权转让实为股权代持。

其次，从冯某1和刘某在北京某公司的履职情况来看，冯某1与刘某2004年6月签署《股权转让协议》前，冯某1系公司法定代表人、董事长，刘某系公司普通工作人员；上述《股权转让协议》签订后，冯某1仍负责北京某公司的经营管理，并持有北京某公司公章，刘某亦认可冯某1担任北京某公司经理直到其2008年离开中国境内。刘某主张其受让北京某公司股权后，行使了股东权利，召开了股东会，但未提供任何证据予以证明，故法院对其上述主张不予采信。

再次，从北京某公司在另案的答辩来看，在乌鲁木齐市铁路运输中级人民法院审理的（2014）乌中民初字第7号申请执行人执行异议之诉一案中，根据北京某公司向法院提交的《民事答辩状》载明的内容，可以证明北京某公司和刘某承认以下事实：（1）股权转让后，北京某公司仍由冯某1控制；（2）刘某是名义股东，未取得公司经营权、支配权和财产所有权。刘某亦认可答辩状的真实性以及答辩状上北京某公司的公章为其本人所盖。现北京某公司和刘某虽主张上述答辩内容与股权转让实际情况不符、属于趋利避害的表述，但其未能提供相反证据足以推翻其前述答辩内容，故法院对其上述主张难以采信。

最后，冯某1是北京某公司设立时的股东，刘某系因《股权转让协议》而被登记为公司股东，现刘某以冯某1未出资为由否认其股东资格，于法无据，法院亦不予采信。

综上，冯某1提交的证据能够证明其与刘某签订《股权转让协议》时存在股权代持的合意，且冯某1在股权转让后仍实际控制北京某公司，冯某1系北京某公司的实际股东，故冯某1请求判令刘某所持北京某公司80%的股权归其所有，于法有据，应予支持。另外，本案系股东资格确认纠纷，而冯某1关于办理股权过户登记的诉讼请求属于请求变更公司登记纠纷，故冯某1就其该项请求可另行通过其他诉讼途径解决。

综上，北京市第三中级人民法院依照《民法通则》第五十五条，《最高人民法院关于适用〈中华人民共和国公司法〉若干问题的规定（三）》（2014年修正）第二十一条，《民事诉讼法》第四十九条第一款、第五十九条、第一百四十三条，《最高人民法院关于适用〈中华人民共和国民事诉讼法〉的解释》第九十条、第九十二条第一款、第一百二十一条第一款，《最高人民法院关于民事诉讼证据的若干规定》第六十六条、第七十四条之规定，判决：（1）确认刘某名下的北京某公司9600万元的股权（占注册资本80%）归冯某1所有；（2）驳回冯某1的其他诉讼请求。

宣判后，北京某公司、刘某向北京市高级人民法院提起上诉。北京市高级人民法院认为，上诉人北京某公司、刘某递交上诉状并申请缓交案件受理费，该院经审查未批准其缓交申请，该院向上诉人北京某公司、刘某送达了交纳诉讼费用通知单，其在接到交纳诉讼费用通知单后，未在该院规定期限内缴纳案件受理费。因上诉人北京某公司、刘某未在规定期限内缴纳案件受理费，北京市高级人民法院依照《民事诉讼法》第一百五十四条第一款第十一项、《最高人民法院关于适用〈中华人民共和国民事诉讼法〉的解释》第三百二十条规定，裁定：本案按上诉人北京某公司、刘某自动撤回上诉处理。

［评析］

在无股权代持协议的情况下，有限责任公司股东资格的认定

股东资格的确认是股东行使权利、公司高效运转的基础，妥善处理股东资格确认纠纷对于公司制度发挥应有作用具有重要的意义。在股东资格确认纠纷中，大量存在着有限责任公司的隐名股东要求公司确认其股东身份，即隐名股东的显名化问题。隐名股东与显名股东之间的股东资格认定，系公司的内部关系，不涉及公司的债权人等外部关系，隐名股东如要求确认其股东资格应当具备实质要件。一方面，如隐名股东与显名股东之间存在合法有效的股权代持协议，且隐名股东实际行使了股东权利，公司及公司其他股东对此知悉，亦未提出异议，则应当对隐名股东的股东资格予以确认；另一方面，在隐名股东与显名股东不存在股权代持协议的情况下，则应当通过在案证据，综合考量隐名股东与显名股东之间是否存在股权代持的合意，继而对隐名股东是否具备股东资

格作出认定。

一、在无股权代持协议的情况下，有限责任公司股东资格的认定

股东资格为一种身份关系，而身份关系确立中当事人的合意最为重要。[①] 法官在对公司内部的股东资格纠纷的裁判上，当工商登记、股东名册等形式要件缺乏或者形式要件与实质要件发生矛盾时，没有采纳公司法上的外观主义原则，也即股东之间的真实意思表示和相关行为才是判断某人是否为公司股东的决定性证据。[②] 因隐名股东与显名股东未签署股权代持协议，在认定有限责任公司的股东资格时，应当根据在案证据综合判断隐名股东与显名股东是否存在股权代持的合意。对此可以通过以下三个方面进行考量。

（一）显名股东的股权取得方式及对价

股东的股权取得方式，一般分为原始取得与继受取得。股东原始取得股权，一般持有出资证明书，继受取得的股权，一般存在股权转让合同、赠与合同等证据。本案中，显名股东刘某系通过与冯某1签订《股权转让协议》并办理了股权变更登记的方式，继受取得北京某公司的股权，并被记载于北京某公司的股东名册，成为该公司的股东。股权转让的对价是股权转让协议的重要条款，而在本案中案涉《股权转让协议》约定的系无偿转让，该情形与一般的商事交易模式不符，应由股权转让合同的双方对此作出合理解释。对此，冯某1称无偿转让的原因系刘某与其为股权代持关系，刘某称系因北京某公司当时被掏空，冯某1的主张具有一定的合理因素。

（二）隐名股东是否实际行使了股东权利

享有股东权利是取得股东资格的结果，而不是取得股东身份的条件或原因。[③] 由此观之，仅以实际行使了股权为由主张股东身份不能获得支持，但这并不妨碍“实际行使股权”这一事实特征作为认定股东身份的依据。[④] 实际行使股东权利，是认定股东资格的重要因素，该类纠纷中应当对隐名股东主张的股权代持期间显名股东与隐名股东行使股东权利的情况予以考察，且显名股东与隐名股东应当对其主张的实际行使了股东权利予以举证证明。本案中，在案

① 胡田野：《公司法律裁判》，法律出版社2012年版，第203页。
② 吴越：《公司法先例初探》，法律出版社2008年版，第83~84页。
③ 范健：《论股东资格认定的判断标准》，载《南京大学法律评论》2006年秋季卷。
④ 李建伟：《公司法学》，中国人民大学出版社2008年版，第287页。

涉《股权转让协议》签订之前，冯某1系该公司的法定代表人、董事长，刘某系该公司普通工作人员；在案涉《股权转让协议》签订之后，北京某公司仍由冯某1经营管理，且由其持有公司公章，刘某亦认可冯某1担任公司经理直至2008年冯某1离开中国境内。综合以上因素，可以认定冯某1实际行使了股东权利。刘某虽称自己亦实际行使股东权利、召开了股东会，但对于其行使了股东权利未提供认可证据予以证明，故难以认定显名股东刘某实际行使了股东权利。

（三）公司及公司其他股东对股权代持是否知悉

一般而言，由于有限责任公司的人合性特点及有限责任公司股东封闭性特点，若有限责任公司的股东存在股权代持情况且隐名股东实际行使了股东权利，有限责任公司及公司其他股东对于股权代持情况往往是知悉的，且隐名股东的显名化涉及公司及公司其他股东的利益，亦可能冲击有限责任公司的人合性特征，故应当对公司及公司其他股东对股权代持是否知悉进行考量。

首先，本案中，冯某2与冯某1系北京某公司的原始股东，刘某与王某2系该公司的继受股东，且冯某1与刘某签订《股权转让协议》和冯某1、冯某2与王某2签订股权转让协议系属同日。现原始股东冯某2、继受股东王某2均出庭作证，称冯某1转让股权并非其真实意思表示，此次股权转让实为股权代持。通过公司股东的证言，可以确认公司其他股东对于刘某与冯某1之间的股权代持关系系属知悉。其次，北京某公司在另案的答辩状中表示："乌鲁木齐某生物公司股东、法人代表虽然变更为刘某，但是公司经营、财产、财务仍然由原老板冯某1实际控制。刘某既没有向冯某1支付股权转让款，也没有取得乌鲁木齐某生物公司经营权、支配权及财产所有权，只是名义上的股东、董事长、法人代表……"该意思表示能否构成本案中北京某公司及刘某对冯某1股东资格的自认及其在股东资格认定中的作用，笔者将在后文中予以详述。

二、自认及其在有限责任公司股东资格认定中的作用

（一）自认制度

自认系对己方不利事实的承认，自认制度是民事诉讼中一项重要制度。根据自认作出场合的不同，自认分为诉讼中的自认和诉讼外的自认，二者在法律效力上存在较大差异。

我国现行民事诉讼法及司法解释中仅规定了诉讼中的自认。① 诉讼中的自认一经作出，即产生两方面效果：一是对当事人产生拘束力，即当事人一方对另一方主张的对其不利的事实一经作出承认的声明或表示，另一方当事人即无须对该事实举证证明，而且除特定情形外作出自认的当事人也不能撤销或否认其自认；二是对法院产生拘束力，即对于当事人自认的事实，法院在原则上应当予以支持，不能作出与自认的事实相反的认定，无法定情形不能否定自认的效力。②

（二）当事人在另案中自认的效力

当事人在另案中的自认在本案中是否属于诉讼中的自认，是否在本案中发生自认的法律效果？笔者认为，首先，自认制度的理论依据系民事诉讼法中的辩论原则，辩论原则的核心在于法院审理裁判的对象及作出裁判的依据以当事人的主张和辩论的内容为限。当事人在诉讼中的自认，经过了当事人的辩论和私权处分，具备了无争议性，故对当事人及法院均产生约束力。而对于诉讼外发生的当事人承认，未经当事人在本次诉讼中的辩论，其仅能够具有一般的证据效力，不能直接免除对方当事人的举证责任。其次，根据前述司法解释的规定，起诉状、答辩状、代理词等应指本案中的起诉状、答辩状、代理词等，只有发生在本案的上述行为，才可当然构成当事人的自认，才能发生诉讼中的自认的法律效力。因此，当事人在另案中的自认，在本案中属于诉讼外自认的一种。而诉讼外自认仅为一种证据材料，并无诉讼中自认的效力。③

（三）诉讼外的自认在股东资格认定中的作用

本案中，冯某1提交了北京某公司在另案中向法院提交的答辩状，刘某时任北京某公司的法定代表人，且其认可该答辩状中北京某公司的公章系其所盖。但上述答辩状系北京某公司及刘某在另案中的自认，在本案中系属诉讼外的自认，不发生诉讼中自认的法律效力，因此该答辩状仅具有证据效力，不能

---

① 《最高人民法院关于民事诉讼证据的若干规定》第七十四条规定："诉讼过程中，当事人在起诉状、答辩状、陈述及其委托代理人的代理词中承认的对己方不利的事实和认可的证据，人民法院应当予以确认，但当事人反悔并有相反证据足以推翻的除外。"《最高人民法院关于适用〈中华人民共和国民事诉讼法〉的解释》第九十二条规定："一方当事人在法庭审理中，或者在起诉状、答辩状、代理词等书面材料中，对于己不利的事实明确表示承认的，另一方当事人无须举证证明。"

② 杨夏：《诉讼外限制性自认的适用规则》，载《北京审判》2018年第7期。

③ 肖乐新：《另案中的自认事实在本案中应依自认规则判定》，载《人民法院报》2013年8月29日。

免除冯某1的举证责任。根据该答辩状的内容，可以证明北京某公司和刘某认可以下事实：(1) 股权转让后，北京某公司仍由冯某1控制；(2) 刘某是名义股东，未取得公司经营权、支配权和财产所有权。北京某公司及刘某虽在本案中否认上述事实，但其并未提供相反证据足以推翻上述答辩状的内容，故该证据的内容在本案中应予采信，其可以证明北京某公司对刘某与冯某1之间的股权代持关系系属知悉。

综合刘某取得北京某公司股权的方式及对价、冯某1在股权转让后仍实际行使了北京某公司的股东权利、北京某公司及公司的其他股东对于刘某与冯某1之间的股权代持关系亦属知悉，可以确认冯某1与刘某在签署案涉《股权转让协议》时存在股权代持的合意，继而应当认定冯某1系北京某公司的股东。

贾某莹诉北京锦某某泰汽车销售有限公司等买卖合同纠纷案

郑吉喆　王天冕*

【裁判要旨】

1. 汽车销售商未向消费者如实告知车辆行驶里程数据并擅自调改，车辆显示里程数据低于真实行驶里程，应认定销售商构成消费欺诈，其应承担惩罚性赔偿责任。

2. 消费者在购买并使用商品后又转卖的，无证据证明其购买时系以经营为目的，不影响其消费者身份。判断消费者是否为生活消费需要购买商品，应以消费时而非消费后为时间点。

3. 惩罚性赔偿的价格基数应为商品的合同价格，而非已付款金额。即使

* 作者单位：北京市第三中级人民法院。

消费者未付清全部价款，也应以合同价格作为惩罚性赔偿的基数。

【基本案情】

原告（反诉被告、上诉人）：贾某莹。

被告（反诉原告、上诉人）：北京锦某某泰汽车销售有限公司（以下简称锦某某泰公司）。

被告（被上诉人）：北京德某汽车贸易有限公司（以下简称德某公司）。

2014 年 1 月，贾某莹与锦某某泰公司签订《汽车销售合同》，约定贾某莹以 520 万元购买一辆劳斯莱斯牌汽车。后德某公司向贾某莹开具购车发票一张，价税合计 460 余万元。贾某莹称购买车辆后行驶约 1000 余公里时，因故障将车辆送至劳斯莱斯 4S 店维修，被告知该车仪表及公里数被人为调整过，按规定厂家不再承担保修责任。贾某莹认为该车存在销售欺诈，故诉至法院，请求判令撤销购车合同、退还购车款、锦某某泰公司与德某公司连带支付三倍赔偿款 13815085. 74 元。锦某某泰公司不同意贾某莹诉讼请求，并反诉请求贾某莹支付欠付的购车款 2694500 元。德某公司不同意贾某莹全部诉讼请求。

经二审法院查明，涉案车辆最初由宝马（中国）汽车贸易有限公司（以下简称宝马中国公司）于 2013 年进口入境。经查，宝马中国公司进口时有意将该车作为自用的市场活动用车并缴纳了车辆购置税，后在自用的过程中出现销售机会而最终批售给德某公司。根据宝马中国公司的相关记录，在 2013 年 8 月该车的里程数为 4938 公里。德某公司后将该车转售给锦某某泰公司，双方 2013 年 12 月的交车单显示该车里程数为 5095 公里。诉讼中，锦某某泰公司多次称该车为新车。另查，贾某莹在本案诉讼过程中将该车转卖。

【裁判】

北京市朝阳区人民法院经审理认为：贾某莹仅以录音录像及证人证言主张锦某某泰公司存在调整里程表和拆装零部件行为，依据不足。贾某莹已向锦某某泰公司付款 520 万元，锦某某泰公司现主张贾某莹欠付车款及保险费、车辆购置税，缺乏依据。综上所述，北京市朝阳区人民法院判决：1. 驳回贾某莹的全部诉讼请求；2. 驳回锦某某泰公司的全部反诉请求。

贾某莹、锦某某泰公司均不服一审判决，提出上诉。

北京市第三中级人民法院经审理认为：根据二审调查，宝马中国公司的回函和德某公司提交的交车单能够相互印证涉案车辆在交付贾某莹前至少行驶了5095公里。本案中《汽车销售合同》并未记载交付车辆时的里程数，在德某公司出示上述交车单前，锦某某泰公司在庭审中一直陈述向贾某莹销售的是新车，并未提及过涉案车辆存在使用过的情形。车辆的里程记录与车辆维修记录在特征上并不相同，车辆的里程情况并非是隐蔽信息而是显性信息，任何购买者不需要专业知识，仅通过车辆上的里程表就能直观地发现这一数据。并且，根据常识，对于价值越高的商品，购买人一般越趋于谨慎，本案中涉案车辆作为全球知名品牌且合同总价逾500万元，锦某某泰公司居然能够将其在行驶超过5000公里的情况下作为新车顺利出售而在长时间内不被购买人发现，基于此，本院相信贾某莹购车时看到的并非是逾5000公里的行驶里程，结合贾某莹提交的视频资料等材料反映的该车在使用一年多以后显示里程仅为1000余公里的情形，法院认为锦某某泰公司在持有涉案车辆期间修改了涉案车辆的里程数存在高度可能性。汽车行驶里程与汽车价值直接相关，是购买人判断车辆是否使用及使用程度的重要考虑因素，本案诉争车辆行驶里程超过5000公里，根据日常生活经验法则可知，5000公里已经达到了许多汽车厂商所规定的首次需要保养的距离，足以说明涉案车辆的使用程度超出了新车的界限，故应当认定本案中锦某某泰公司隐瞒了影响购买人决策的重大信息。锦某某泰公司存在告知贾某莹虚假情况及隐瞒真实情况的行为，构成《消费者权益保护法》第五十五条规定的欺诈。贾某莹主张撤销合同、退还购车款并按照发票金额计算惩罚性赔偿，应予支持。综上所述，北京市第三中级人民法院判决：1. 撤销一审判决；2. 撤销贾某莹与锦某某泰公司于2014年1月26日签订的《汽车销售合同》；3. 锦某某泰公司于判决生效后10日内赔偿贾某莹13815085.74元；4. 驳回贾某莹的其他诉讼请求；5. 驳回锦某某泰公司的全部诉讼请求。

［评析］

汽车销售商隐瞒车辆真实里程、擅自调改里程数据构成消费欺诈

本案是一起典型的因销售商调改车辆里程而导致三倍惩罚性赔偿的汽车消费欺诈案件。一审法院并未认定存在欺诈行为，二审法院经过调查取证还原了

汽车在最终零售前的流转过程和交车里程，从而认定销售商调改里程，构成欺诈，支持了消费者撤销合同、三倍赔偿的诉讼请求。本案是我国新《消费者权益保护法》实施以来消费者获赔金额最大的消费欺诈案件，具有标杆意义。

在具体的事实认定之外，本案存在若干法律适用的争议问题，以下进行简要分析。

一、消费者主体问题：使用后转卖是否影响消费者身份

本案中，贾某莹在购买涉案车辆并使用一段期间后，又将车辆转卖，二审时贾某莹已非涉案车辆的所有权人。因而引发的法理问题是，当购买人已经将最初购买之商品处置转卖后，是否还是受《消费者权益保护法》保护的消费者？

《消费者权益保护法》第二条规定："消费者为生活消费需要购买、使用商品或者接受服务，其权益受本法保护。"判断购买人是否受《消费者权益保护法》保护应从其消费目的是否为生活需要进行判断。[①] 在购买人购买商品并使用之后又转卖的情况下，判断消费目的时间应当为消费时而非消费后，只要购买人在购买时是以生活消费为目的，不论其以后如何处置商品，都不影响其受《消费者权益保护法》保护的身份，除非对方可以证明购买人购买商品系用于生产经营。[②] 消费者购买使用商品一段时间后进行转卖系对商品的正常处置行为，在日常生活中亦为常见。故不应以消费者购买使用后转卖为由否认其消费者的主体身份。

二、欺诈认定问题：17号指导案例的参照适用

在与本案直接相关的汽车消费领域，最高人民法院在第17号指导案例[③]中确立了有关汽车消费中欺诈的认定规则。

---

① 韩世远：《消费者合同三题：知假买假、惩罚性赔偿与合同终了》，载《法律适用》2015年第10期。

② 侯军、郑慧媛、夏海曼：《消费者保护时域下的惩罚性赔偿司法适用研究》，载《法律适用》2018年第6期。

③ 最高人民法院指导案例17号《张莉诉北京合力华通汽车服务有限公司买卖合同纠纷案》裁判要点：1. 为家庭生活消费需要购买汽车，发生欺诈纠纷的，可以按照《消费者权益保护法》处理。2. 汽车销售者承诺向消费者出售没有使用或维修过的新车，消费者购买后发现系使用或维修过的汽车，销售者不能证明已履行告知义务且得到消费者认可的，构成销售欺诈，消费者要求销售者按照《消费者权益保护法》赔偿损失的，人民法院应予支持。

判断案件是否类似是指导案例参照适用的核心，本案与17号指导案例均为汽车消费领域认定欺诈的案件，均涉及《消费者保护法》惩罚性赔偿的法律适用，争议焦点均为是否认定欺诈，因此具备比较适用的基础。两案虽然在表面上事实情节上有所差异，但在与欺诈有关的核心案情上基本相同：1. 车辆作为新车交付前都曾出现过足以影响消费判断的事实；2. 消费者对此不知情；3. 销售者采取了一定手段使得消费者不知情。并且，17号指导案例在裁判要点中已经将售前维修和售前使用均作为同等重要的欺诈考虑要素予以明确，综合基本案情和法律适用两方面考虑，本案具备参照适用17号指导案例的条件，应当参照适用17号指导案例有关欺诈的裁判要点进行认定。

此外，欺诈行为的认定蕴含着裁判者的价值判断，体现了对不诚信行为的否定性评价，因此17号指导案例中认定欺诈的裁判尺度亦可以作为本案的参照内容。从行为手段上分析，17号指导案例中，销售者采取的欺诈手段是在合同中承诺为新车，从而掩盖车辆修理的事实；本案中，锦某某泰公司对车辆的里程进行了修改，使消费者难以辨别车辆的真实情况。相比17号指导案例，本案的行为手段更具有主观故意性和欺骗性，[①] 应当认为本案的销售者比17号指导案例中的销售者更加不诚信，故应当参照17号指导案例的标准认定欺诈。

三、赔偿主体问题：发票开票人是否应承担惩罚性赔偿的连带责任

本案中，特德公司虽非销售合同的主体，但其作为开票人为消费者开具了购车发票。贾某莹主张德某公司应承担连带责任，主要理由为因德某公司开具发票的行为应将其视为销售商，且德某公司系劳斯莱斯品牌的授权经销商，贾某莹信赖德某公司的销售资质而购买车辆；德某公司与锦鳞盛泰公司共同隐瞒车辆已被使用的情况，两公司恶意串通属共同侵权。合议庭审理后对该项主张未予支持，理由包括三个方面。

第一，从合同相对性来看，贾某莹起诉本案的基础法律关系为买卖合同。本案中《汽车销售合同》系贾某莹与锦某某泰公司签订，德某公司虽开具发票，但并未签署合同，《汽车销售合同》中也无德某公司任何权利义务。因此德某公司并非《汽车销售合同》的主体。合同的相对性是合同法的原则，本

① 杨立新：《消费欺诈行为及侵权责任承担》，载《清华法学》2016年第4期。

案不具备能突破合同相对性之例外情形，不足以认定德某公司为涉案车辆的销售商。

第二，从德某公司的实际行为来看，德某公司并未在销售中对贾某莹作出欺诈行为。本案中，销售汽车中的关键环节如介绍产品、价格洽商、合同拟订和签约、交付验车、收取车款等均为锦某某泰公司实际实施，德某公司均未参与。双方唯一的联系点仅在于德某公司在贾某莹买车环节中开具了发票，但从发票上无法推出德某公司对贾某莹实施了故意虚构事实和隐瞒真相的行为，故现有证据不足以认定德某公司对贾某莹实施了欺诈。

第三，从通谋的合意来看，贾某莹主张德某公司和锦某某泰公司存在恶意串通行为，但恶意串通需要证明恶意串通的双方存在损害第三人利益的通谋①，从现有证据上看贾某莹未能证明德某公司存在与锦某某泰公司的通谋。

综上，德某公司不是本案惩罚性赔偿的责任主体，无须承担连带责任。

四、赔偿基数问题：三倍赔偿的价格基数按照商品价格还是已付款金额

在消费者并未付清全部价款的情况下，消费者主张惩罚性赔偿，应按照商品价格还是已付款金额作为价格基数？对此存在不同意见。

一种观点认为应当以已付款金额作为三倍赔偿基数。理由主要为《消费者权益保护法》第五十五条“增加赔偿的金额为消费者购买商品的价款或者接受服务的费用的三倍”，可理解为消费者实际支付的价款。类似情况如《最高人民法院关于审理商品房买卖合同纠纷案件适用法律若干问题的解释》第九条规定了合同撤销后按照已付房款一倍赔偿。② 故《消费者权益保护法》中的三倍赔偿也应以已支付价款为基数计算。另一种观点认为以合同价格或者商品售价作为价格基数计算三倍赔偿金额。

我们认为，应当以合同或发票记载的商品价格作为三倍赔偿的基数。理由

① 梁慧星：《民法总论》，法律出版社1996年版，第170页。

② 《最高人民法院关于审理商品房买卖合同纠纷案件适用法律若干问题的解释》第九条：“出卖人订立商品房买卖合同时，具有下列情形之一，导致合同无效或者被撤销、解除的，买受人可以请求返还已付购房款及利息、赔偿损失，并可以请求出卖人承担不超过已付购房款一倍的赔偿责任：（一）故意隐瞒没有取得商品房预售许可证明的事实或者提供虚假商品房预售许可证明；（二）故意隐瞒所售房屋已经抵押的事实；（三）故意隐瞒所售房屋已经出卖给第三人或者为拆迁补偿安置房屋的事实。”

主要有两点。

第一，《消费者保护法》第五十五条规定的惩罚性赔偿制度，目的系通过惩罚性赔偿的惩戒，制裁违法经营者的欺诈行为，其性质不同于填补性赔偿，经营者需加倍赔偿消费者的损失，此“损失”非固有利益的损失，而是合同预期利益的损失。① 该条表述为“增加赔偿的金额为消费者购买商品的价款或者接受服务的费用的三倍”，此价款应指的是合同约定的价款，即合同价。

第二，按照商品价格计算三倍赔偿，更符合《消费者保护法》惩罚性赔偿的立法旨意。若以已付金额计算，在消费者仅预付小部分价款的情况下发生欺诈，三倍赔偿金额也较小，则无法起到惩戒经营者的目的。

本案中，销售合同中约定车辆总价520万元，但开具发票金额仅为460余万元，贾某莹主张销售合同中还包含保险、购置税、上牌等费用，故应以发票金额作为车辆价格。双方虽然对520万元的价款构成存有争议，但综合双方的陈述能够看出，涉案车辆的价格最低不低于开具发票上载明的金额，现贾某莹仅以发票上载明的金额作为基数主张的增加赔偿金额不高于其依法应获得的惩罚性赔偿金，应予支持。

① 全国人大常委会法制工作委员会民法室编著：《中华人民共和国消费者权益保护法解读》，中国法制出版社2013年版，第266～267页。

[最新立法司法动态]

民法典各分编（草案）征求意见（七）

第十三章　保证合同

第一节　一般规定

第四百七十一条　保证合同是为保障债权的实现，当债务人不履行到期债务或者发生当事人约定的情形时，保证人履行债务或者承担责任的合同。

第四百七十二条　保证合同是主债权债务合同的从合同。主债权债务合同无效，保证合同无效，但是法律另有规定的除外。

保证合同被确认无效后，债务人、保证人、债权人应当根据其过错各自承担相应的民事责任。

第四百七十三条　下列组织不得担任保证人：

（一）机关法人，但是经国务院批准为使用外国政府或者国际经济组织贷款进行转贷的除外；

（二）以公益为目的的法人、非法人组织；

（三）法人的分支机构。

法人的分支机构取得法人书面授权的，可以在授权范围内提供保证。

第四百七十四条　保证合同的内容由当事人约定，一般包括以下条款：

（一）被保证的主债权的种类、数额；

（二）债务人履行债务的期限；

（三）保证的方式；

（四）保证的范围；

（五）保证的期间；

（六）当事人认为需要约定的其他事项。

第四百七十五条 保证合同可以是单独订立的书面合同，也可以是主合同中的保证条款。

第三人单方以书面形式向债权人出具保证书，债权人接受且未提出异议的，保证合同成立。

第四百七十六条 保证的方式包括一般保证和连带责任保证。

当事人在保证合同中对保证方式没有约定或者约定不明确的，按照连带责任保证承担保证责任，但是自然人之间的保证合同除外。

第四百七十七条 当事人在保证合同中约定，债务人不能履行债务时，由保证人承担保证责任的，为一般保证。

一般保证的保证人在就债务人的财产依法强制执行仍不能履行债务前，有权拒绝承担保证责任。

有下列情形之一的，保证人不得行使前款规定的权利：

（一）债务人下落不明，且无财产可供执行；

（二）人民法院受理债务人破产案件，中止执行程序；

（三）债权人有证据证明债务人的财产不足以履行全部债务或者明显缺乏履行债务能力；

（四）保证人明确放弃前款规定的权利。

第四百七十八条 当事人在保证合同中约定保证人和债务人对债务承担连带责任的，为连带责任保证。

连带责任保证的债务人不履行到期债务或者发生当事人约定的情形时，债权人可以要求债务人履行债务，也可以要求保证人在其保证范围内承担保证责任。

第四百七十九条 保证人可以要求债务人提供反担保。

第二节 保证责任

第四百八十条 保证担保的范围包括主债权及其利息、违约金、损害赔偿金和实现债权的合理费用。当事人另有约定的，按照其约定。

第四百八十一条 保证期间是保证人承担保证责任的期间，不发生中止、中断和延长。

债权人与保证人可以约定保证期间，但是约定的保证期间早于主债务期限或者与主债务期限同时届满的，视为没有约定；没有约定或者约定不明确的，保证期间为主债务履行期限届满之日起六个月。

债权人与债务人对主债务履行期限没有约定或者约定不明确的，保证期间自债权人要求债务人履行义务的宽限期届满之日起计算。

第四百八十二条 一般保证的债权人未在保证期间内对债务人提起诉讼或者申请仲裁的，保证人不再承担保证责任。

连带责任保证的债权人未在保证期间内对保证人主张承担保证责任的，保证人不再承担保证责任。

第四百八十三条 一般保证的债权人在保证期间届满前对债务人提起诉讼或者申请仲裁的，从判决或者仲裁裁决生效之日起，开始计算保证债务的诉讼时效。

连带责任保证的债权人在保证期间届满前要求保证人承担保证责任的，从债权人要求保证人承担保证责任之日起，开始计算保证债务的诉讼时效。

第四百八十四条 一般保证中，主债务诉讼时效中断，保证债务诉讼时效中断；连带责任保证中，主债务诉讼时效中断，保证债务诉讼时效不中断。

一般保证和连带责任保证中，主债务诉讼时效中止的，保证债务的诉讼时效同时中止。

第四百八十五条 债权人和债务人在保证期间内未经保证人同意，协商变更主合同内容，减轻债务的，保证人仍对变更后的债务承担保证责任；加重债务的，保证人对加重的部分不承担保证责任。

债权人与债务人对主合同履行期限作了变更，未经保证人同意的，保证期间为原合同约定或者法律规定的期间。

第四百八十六条 债权人在保证期间内将全部或者部分债权转让给第三人，通知保证人后，保证人对受让人承担相应的保证责任。未经通知，该转让对保证人不发生效力。

保证人与债权人约定仅对特定的债权人承担保证责任或者禁止债权转让，债权人在保证期间内未经保证人同意转让全部或者部分债权的，保证人就受让人的债权不再承担保证责任。

第四百八十七条 债权人在保证期间内未经保证人同意，允许债务人转移全部或者部分债务，保证人对未经其同意转移的债务不再承担保证责任，但是保证合同另有约定的除外。

在保证期间内，第三人加入债务的，保证人的保证责任不受影响。

第四百八十八条 一般保证的保证人在主债务履行期限届满后，向债权人提供了债务人可供执行财产的真实情况，债权人放弃或者怠于行使权利致使该财产不能被执行的，保证人在其提供可供执行财产的价值范围内免除保证责任。

第四百八十九条 同一债务有两个以上保证人的，保证人应当按照保证合同约定的保证份额，承担保证责任。没有约定保证份额的，债权人可以要求任何一个保证人在其保证范围内承担保证责任。

第四百九十条 保证人承担保证责任后，除当事人另有约定以外，有权在其承担保证责任的范围内向债务人追偿，享有债权人对债务人的权利，但是不得损害债权人的利益。

第四百九十一条 保证人享有债务人对债权人的抗辩。债务人放弃抗辩的，保证人仍有权向债权人主张抗辩。

第四百九十二条 债务人对债权人享有抵销权或者撤销权的，保证人可以在相应范围内拒绝承担保证责任。

第四百九十三条 保证人与债权人可以协商设立最高额保证。

最高额保证除适用本章规定以外，参照适用物权编 关于最高额抵押权的规定。

第十四章 租赁合同

第四百九十四条 租赁合同是出租人将租赁物交付承租人使用、收益，承租人支付租金的合同。

第四百九十五条 租赁合同的内容包括租赁物的名称、数量、用途、租赁期限、租金及其支付期限和方式、租赁物维修等条款。

第四百九十六条 租赁期限不得超过二十年。

租赁期间届满，当事人可以续订租赁合同，但是约定的租赁期限自续订之日起不得超过二十年。

第四百九十七条 当事人未依照法律、行政法规规定办理租赁合同登记备案手续的，不影响合同的效力，但是当事人另有约定的除外。

第四百九十八条 租赁期限六个月以上的，应当采用书面形式。当事人未采用书面形式，无法确定租赁期限的，视为不定期租赁。

第四百九十九条 出租人应当按照约定将租赁物交付承租人，并在租赁期间保持租赁物符合约定的用途。

第五百条 承租人应当按照约定的方法使用租赁物。对租赁物的使用方法没有约定或者约定不明确，依照本法第三百零一条的规定仍不能确定的，应当按照租赁物的性质使用。

第五百零一条 承租人按照约定的方法或者租赁物的性质使用租赁物，致使租赁物受到损耗的，不承担损害赔偿责任。

第五百零二条 承租人未按照约定的方法或者租赁物的性质使用租赁物，致使租赁物受到损失的，出租人可以解除合同并要求赔偿损失。

第五百零三条 出租人应当履行租赁物的维修义务，但是当事人另有约定的除外。

第五百零四条 承租人在租赁物需要维修时可以要求出租人在合理期限内维修。出租人未履行维修义务的，承租人可以自行维修，维修费用由出租人负担。因维修租赁物影响承租人使用的，应当相应减少租金或者延长租期。

因承租人的过错致使租赁物需要维修的，出租人不承担前款规定的责任。

第五百零五条 承租人应当妥善保管租赁物，因保管不善造成租赁物毁损、灭失的，应当承担损害赔偿责任。

第五百零六条 承租人经出租人同意，可以对租赁物进行改善或者增设他物。

承租人未经出租人同意，对租赁物进行改善或者增设他物的，出租人可以要求承租人恢复原状或者赔偿损失。

第五百零七条 承租人经出租人同意，可以将租赁物转租给第三人。承租人转租的，承租人与出租人之间的租赁合同继续有效，第三人对租赁物造成损失的，承租人应当赔偿损失。

承租人未经出租人同意转租的，出租人可以解除合同。

第五百零八条 承租人经出租人同意将租赁物转租给第三人，转租期限超过承租人剩余租赁期限的，超过部分的约定对出租人不具有法律约束力，但是出租人与承租人另有约定的除外。

第五百零九条 出租人知道或者应当知道承租人转租，但是在六个月内未提出异议的，视为出租人同意转租。

第五百一十条 承租人拖欠租金的，次承租人可以代承租人支付其欠付的租金和违约金，但是转租合同无效的除外。

次承租人代为支付的租金和违约金超出其应付的租金数额的，可以折抵次承租人应当向承租人支付的租金或者向承租人追偿。

第五百一十一条 在租赁期间因占有、使用租赁物获得的收益，归承租人所有，但是当事人另有约定的除外。

第五百一十二条 承租人应当按照约定的期限支付租金。对支付期限没有约定或者约定不明确，依照本法第三百零一条的规定仍不能确定，租赁期间不满一年的，应当在租赁期间届满时支付；租赁期间一年以上的，应当在每届满一年时支付，剩余期间不满一年的，应当在租赁期间届满时支付。

第五百一十三条 承租人无正当理由未支付或者迟延支付租金的，出租人可以要求承租人在合理期限内支付。承租人逾期不支付的，出租人可以解除合同。

第五百一十四条 因第三人主张权利，致使承租人不能对租赁物使用、收益的，承租人可以要求减少租金或者不支付租金。

第三人主张权利的，承租人应当及时通知出租人。

第五百一十五条 有下列情形之一，因出租人原因致使租赁物无法使用的，承租人可以解除合同：

（一）租赁物被司法机关或者行政机关依法查封；

（二）租赁物权属有争议；

（三）租赁物具有违反法律、行政法规关于使用条件强制性规定情形。

第五百一十六条 租赁物在承租人依据租赁合同占有期间发生所有权变动的，不影响租赁合同的效力。

第五百一十七条 出租人出卖租赁房屋的，应当在出卖之前的合理期限内通知承租人，承租人享有以同等条件优先购买的权利，但是房屋共有人行使优先购买的权利或者出租人将房屋出卖给近亲属的除外。

出租人履行通知义务后，承租人在十五日内未明确表示购买的，视为承租人放弃优先购买的权利。

第五百一十八条 出租人未通知承租人或者有其他妨害承租人行使优先购买权情形的，承租人可以请求出租人承担损害赔偿责任，但是出租人与第三人订立的房屋买卖合同的效力不受影响。

第五百一十九条 出租人委托拍卖人拍卖租赁房屋的，应当在拍卖五日前通知承租人。承租人未参加拍卖的，视为放弃优先购买权。

第五百二十条 因不可归责于承租人的事由，致使租赁物部分或者全部毁损、灭失的，承租人可以要求减少租金或者不支付租金；因租赁物部分或者全部毁损、灭失，致使不能实现合同目的的，承租人可以解除合同。

第五百二十一条 当事人对租赁期限没有约定或者约定不明确，依照本法第三百零一条的规定仍不能确定的，视为不定期租赁。当事人可以随时解除合同，但是出租人解除合同应当在合理期限之前通知承租人。

第五百二十二条 租赁物危及承租人的安全或者健康的，即使承租人订立合同时明知该租赁物质量不合格，承租人仍然可以随时解除合同。

第五百二十三条 承租人在房屋租赁期间死亡的，与其生前共同居住的人或者共同经营人可以按照原租赁合同租赁该房屋。

第五百二十四条 租赁期间届满，承租人应当返还租赁物。返还的租赁物应当符合按照约定或者租赁物的性质使用后的状态。

第五百二十五条 租赁期间届满，承租人继续使用租赁物，出租人没有提出异议的，原租赁合同继续有效，但是租赁期限为不定期。

租赁期间届满，房屋承租人享有以同等条件优先承租的权利。

第十五章 融资租赁合同

第五百二十六条 融资租赁合同是出租人根据承租人对出卖人、租赁物的选择，向出卖人购买租赁物，提供给承租人使用，承租人支付租金的合同。

承租人将其自有物出卖给出租人，再通过融资租赁合同将租赁物从出租人处租回的，承租人和出卖人系同一人不影响融资租赁合同的成立。

第五百二十七条 当事人以虚构租赁物等方式订立融资租赁合同掩盖非法目的的，融资租赁合同无效。

第五百二十八条 融资租赁合同的内容包括租赁物名称、数量、规格、技术性能、检验方法、租赁期限、租金构成及其支付期限和方式、币种、租赁期间届满租赁物的归属等条款。

融资租赁合同应当采用书面形式。

第五百二十九条 依照法律、行政法规的规定，承租人对于租赁物的经营使用应当取得行政许可的，出租人未取得行政许可不影响融资租赁合同的效力。

第五百三十条 出租人根据承租人对出卖人、租赁物的选择订立的买卖合同，出卖人应当按照约定向承租人交付标的物，承租人享有与受领标的物有关的买受人的权利。

第五百三十一条 出卖人违反向承租人交付标的物的义务，有下列情形之一的，承租人可以拒绝受领出卖人向其交付的租赁物：

（一）租赁物严重不符合约定；

（二）出卖人未在约定期间或者合理期间内交付租赁物，经承租人或者出租人催告，在催告期满后仍未交付。

承租人拒绝受领租赁物的，应当及时通知出租人。

第五百三十二条 出租人、出卖人、承租人可以约定，出卖人不履行买卖合同义务的，由承租人行使索赔的权利。承租人行使索赔权利的，出租人应当协助。

第五百三十三条 承租人对出卖人行使索赔权利，不影响其履行支付租金的义务，但是承租人依赖出租人的技能确定租赁物或者出租人干预选择租赁物的，承租人可以要求减轻或者免除相应租金的支付义务。

第五百三十四条 出租人有下列情形之一，致使承租人对出卖人索赔逾期或者索赔失败的，承租人有权要求出租人承担相应责任：

（一）明知租赁物有质量瑕疵而不告知承租人；

（二）承租人行使索赔权利时，未及时提供必要协助。

出租人怠于行使融资租赁合同或者买卖合同中约定的只能由出租人对出卖人行使的索赔权利，承租人有权要求出租人承担相应责任。

第五百三十五条 出租人根据承租人对出卖人、租赁物的选择订立的买卖合同，未经承租人同意，出租人不得变更与承租人有关的合同内容。

第五百三十六条 出租人对租赁物享有的所有权，未经登记，不得对抗善意第三人。

第五百三十七条 融资租赁合同的租金，除当事人另有约定的以外，应当根据购买租赁物的大部分或者全部成本以及出租人的合理利润确定。

第五百三十八条 租赁物不符合约定或者不符合使用目的的，出租人不承担责任，但是承租人依赖出租人的技能确定租赁物或者出租人干预选择租赁物的除外。

第五百三十九条 出租人应当保证承租人对租赁物的占有和使用。

第五百四十条 出租人有下列情形之一，影响承租人对租赁物的占有和使用的，承租人有权要求出租人赔偿损失：

（一）无正当理由收回租赁物；

（二）无正当理由妨碍、干扰承租人对租赁物的占有和使用；

（三）因出租人的原因致使第三人对租赁物主张权利；

（四）不当影响承租人对租赁物占有和使用的其他情形。

第五百四十一条 承租人占有租赁物期间，租赁物造成第三人的人身损害或者财产损失的，出租人不承担责任。

第五百四十二条 承租人应当妥善保管、使用租赁物。

承租人应当履行占有租赁物期间的维修义务。

第五百四十三条 承租人占有租赁物期间，租赁物毁损、灭失的，出租人有权要求承租人继续支付租金，但是法律另有规定或者当事人另有约定的除外。

第五百四十四条 承租人应当按照约定支付租金。承租人经催告后在合理期限内仍不支付租金的，出租人可以要求支付全部租金；也可以解除合同，收回租赁物。

第五百四十五条 承租人未经出租人同意，将租赁物转让、转租、抵押、质押、投资入股或者以其他方式处分的，出租人可以解除融资租赁合同。

第五百四十六条 有下列情形之一的，出租人或者承租人可以解除融资租赁合同：

（一）出租人与出卖人订立的买卖合同解除、被确认无效或者被撤销，且未能重新订立买卖合同；

（二）租赁物因不可归责于当事人的原因毁损、灭失，且不能修复或者确定替代物；

（三）因出卖人的原因致使融资租赁合同的目的不能实现。

第五百四十七条 融资租赁合同因租赁物交付承租人后意外毁损、灭失等不可归责于当事人的原因解除的，出租人可以要求承租人按照租赁物折旧情况给予补偿。

第五百四十八条 融资租赁合同因买卖合同解除、被确认无效或者被撤销而解除，但是出卖人及租赁物系由承租人选择的，出租人有权要求承租人赔偿相应损失。

出租人的损失已经在买卖合同解除、被确认无效或者被撤销时获得赔偿的，应当免除承租人相应的赔偿责任。

第五百四十九条 当事人约定租赁期间届满租赁物归承租人所有，承租人已经支付大部分租金，但是无力支付剩余租金，出租人因此解除合同收回租赁物的，收回的租赁物的价值超过承租人欠付的租金以及其他费用的，承租人可以要求部分返还。

当事人约定租赁期间届满租赁物归出租人所有，因租赁物毁损、灭失或者附合、混同于他物致使承租人不能返还的，出租人有权要求承租人给予合理补偿。

第五百五十条 出租人和承租人可以约定租赁期间届满租赁物的归属。对租赁物的归属没有约定或者约定不明确，依照本法第三百零一条的规定仍不能确定的，租赁物的所有权归出租人。

第五百五十一条 当事人约定租赁期间届满，承租人仅需向出租人支付象征性价款的，视为约定的租金义务履行完毕后租赁物归承租人所有。

第五百五十二条 融资租赁合同无效，当事人就合同无效情形下租赁物的归属有约定的，依照其约定；没有约定或者约定不明确的，租赁物应当返还出租人。但是因承租人原因致使合同无效，出租人不要求返还租赁物或者返还出租人后会显著降低租赁物效用的，租赁物归承租人所有，并由承租人给予出租人合理补偿。

《最新法律文件解读》丛书
稿　约

《最新法律文件解读》是一套以为最新法律规范提供同步“解读”为主的系列丛书，分为刑事、民事、商事、行政与执行4个分册，按月出版。

本丛书以“解读”为重点，突出全、专、新、快、准等特点，通过对最新出台的法律、法规、司法解释、部门规章以及重要地方性法规进行同步动态解读，弥补了法律、法规、司法解释汇编类出版物没有同步阐释、解读内容的不足，为广大读者学习理解最新法律规范，正确贯彻执行法律文件，及时解决实践中的新情况、新问题，提供一个全方位、多层面的法律信息平台。

欢迎您向以下栏目赐稿：

【最新法律文件解读】主要是对最新颁行的法律文件进行解读，帮助司法和执法人员正确理解法律文件的立法背景、意义、重点内容、在适用中应注意的问题、与相关法律文件的衔接与互动关系等等。

【司法实务问题研究】主要刊登对司法理论、实务及司法管理工作中的热点、疑难问题进行研究及评论的文章。

【新类型疑难案例选评】主要是对司法和行政执法实践中具有典型性和代表性的疑难案例，结合具体案情以及审理或处理结果进行简练精辟的点评，解析认识问题的方法、处理问题的法律依据和在个案中的具体适用。

【法学前沿与新视点】以摘要的形式刊登相关法学理论研究的最新动态及具有代表性和典型性的前沿问题，扩展法学研究的深度和广度。

【法律适用问题解答】主要针对司法和行政执法实践中面临的新问题、热点问题、疑难问题进行简要的解答，指出涉及的法律关系，明确法律适用依据。

稿件一经刊用，即付稿酬，稿酬从优。

《刑事法律文件解读》　姜　峤　邮箱：bj85250573@126.com

《民事法律文件解读》　丁丽娜　邮箱：dlnlaw@163.com

《商事法律文件解读》　路建华　邮箱：shangshijiedu@126.com

《行政与执行法律文件解读》　张　奎　邮箱：271717306@qq.com

人民法院出版社

《最新法律文件解读》丛书编辑部